Original en couleur

NF Z 43-120-B

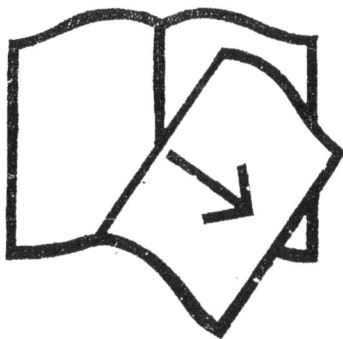

Couverture inférieure manquante

LES

ORIGINES D'ARRAS

ET DE

SES INSTITUTIONS

PAR

A. GUESNON

ARRAS-VILLE

I

I. CASTRUM NOBILIACUS.
II. VETUS ET NOVUS BURGUS.
III. STRATA.
IV. LES ANCIENS BAILLIS.

ARRAS

Imprimerie ROHARD-COURTIN, place du Pont-de-Cité, n° 6.

1896

LES ORIGINES D'ARRAS

ET

DE SES INSTITUTIONS

LES

ORIGINES D'ARRAS

ET DE

SES INSTITUTIONS

PAR

A. GUESNON

———>·<———

ARRAS-VILLE

I

ARRAS

Imprimerie Rohard-Courtin, place du Pont-de-Cité, n° 6.

1896

Ces lectures faites à l'Académie d'Arras, et insérées dans le dernier volume de ses Mémoires, sont la mise en œuvre, pour la circonstance, de notes recueillies, il y a plus de trente ans, en vue d'une introduction à l'Inventaire chronologique des Chartes de la Ville, travail entrepris bénévolement par l'auteur sur la demande de la Municipalité.

La publication devait comprendre, avec l'introduction historique, un premier volume d'analyses, un second volume de documents sous forme de cartulaire communal, un appendice sigillographique.

Cette troisième partie, la seule publiée régulièrement, parut en 1865. L'impression des documents était dès lors terminée. Ils furent brochés plus tard en un volume incomplet, sans titre et sans nom, où manquent les additions et corrections, les références et les tables des noms et des matières restées en manuscrit.

L'inventaire analytique, dressé sur fiches jusqu'au XVIe siècle, demeura inachevé. La raison en est connue ; il suffit de rappeler ici que des lacunes considérables s'étaient produites dans le dépôt, au début du dépouillement et pendant l'exécution de ce travail.

Les éventualités en perspective, comme les responsabilités en jeu, ne laissaient, en cette conjoncture, qu'un seul parti à *prendre : sacrifier pour un temps la publication commencée à la préservation des pièces disparues et à leur recouvrement.*

Poursuivie avec prudence pendant des années, la réintégration s'opéra peu à peu, officieusement et sans bruit, grâce à un double concours, aussi amicalement dévoué d'une part, que de l'autre, actif, consciencieux et modeste. C'est ainsi que des centaines de pièces purent être restituées à leurs cartons, en attendant l'heure assignée de longue main aux suprêmes revendications administratives.

Elle se fit attendre vingt ans, et, lorsqu'elle sonna, celle qui aurait pu marquer la reprise du travail était irrévocablement passée. On avait ruiné l'entreprise, mais qu'importe après tout ? Le dépôt n'a rien perdu, le public peu de chose, le reste ne compte pas : tout est donc pour le mieux, sinon dans le meilleur des mondes.

LES

ORIGINES D'ARRAS

ET DE

SES INSTITUTIONS

I.

CASTRUM NOBILIACUS

Tout le monde l'a dit, on ne peut donc que le répéter : Arras est une vieille ville, peut-être plus vieille encore qu'on ne l'imagine. Centre religieux, partant politique et militaire, d'une peuplade nombreuse et puissante au temps de César et de Comius, elle devait compter déjà une très longue période d'existence à jamais ensevelie dans la nuit des âges préhistoriques.

Après la conquête romaine, la même obscurité continue de peser sur elle pendant des siècles, jusqu'aux premières lueurs des récits hagiographiques. Si ce n'est plus la nuit, ce n'est pas encore la clarté ; tout reste indécis et confus dans les ténèbres visibles de ce chaos crépusculaire. On attendra jusqu'au sixième siècle avant de voir poindre le jour à l'horizon de l'histoire d'Arras.

La grande figure de St Vaast, sa mission politique surtout, ne se dégagent qu'imparfaitement des brouillards de la légende. Il était clerc, c'est une colonie de clercs qu'il

∪. ⊔ut fonder à l'ombre de la naissante cathédrale; or il se
trouva, en fin de compte, qu'il avait travaillé pour des moines.

L'ours symbolique, banni de l'enceinte de la cité épiscopale
et relégué par l'apôtre au-delà du Crinchon (1), a su trouver
sa vengeance en collaborant sur la rive opposée à l'installation d'une communauté rivale indépendante (2) ; l'Église
d'Arras, pauvre, asservie, humiliée, languira cinq siècles
avant de reconquérir son titre et sa dignité, mais non la
suprématie.

Le meurtre de saint Léger, en 678, inaugure l'époque
documentaire, celle où commence la critique. On sait sous
quel jour les chroniques de Saint-Vaast présentent les
évènements qui suivirent : le soulèvement de l'épiscopat, le
concile, l'anathème lancé contre Thierri, l'intervention de
l'évêque Vindicien, ses pieuses habiletés, *sancta calliditas*,
sa diplomatie de nuance très moderne, *opportunitatem nac-
tus* (3) qui sut faire tourner cet assassinat politique au mieux
des intérêts du clergé de ses deux diocèses ; les donations
multiples, les fondations diverses imposées en sacrifice

(1) *Ibique habitatione ursi reperta eum cum animi dolore a vallo
urbis ejecit, et ne Orientium fluviolum, qui ibi fluit, ultra progre-
deretur imperavit, nullatenus illuc visus rediisse:* — Boll. *Acta
Sanct.* Febr. ɪ. 790.

Cette premiere indication historique et topograghique est pré-
cieuse à recueillir. On se demande ce que vient faire ici « la rivière
de la Scarpe. » Voir A. de Cardevacque et A. Terninck, *L'Abbaye de
Saint-Vaast* I, 13 (1866).

(2)   Car une beste mue leur fist grant courtoisie
      A le pière poser et le machonerie ;
      Seigneurs, ce fut uns ours, escripture l'affie ;
      Et en la remembrance de cest œuvre prisié,
      En y a tousjours ung et plus en l'abbaye
      Que les seigneurs nourrissent dedens l'enfremerie.
              Hist. litt. de la France, XXVI. 19 (1873).

(3) Guiman, *Cartul. de Saint-Vaast*, Ed. Van Drival, p. 16 (1875).

expiatoire à ce fantôme de roi, dont Saint-Vaast conservera soigneusement le tombeau, comme gage et signe apparent de ses droits héréditaires : telles sont les circonstances qui auraient servi à constituer le domaine temporel des clercs de Notre-Dame et celui des moines de l'abbaye. Les diplômes jumeaux qui constituent leurs titres de propriété, peuvent être en même temps considérés comme les premières chartes de la Ville et de la Cité d'Arras.

Quels sont ces titres, quelle en est la teneur, l'autorité, la portée ?

Le diplôme de Thierri III a été transcrit par Guiman d'après une copie de son temps, tronquée, sans signature et sans formule finale ; il échappe donc à tout examen critique (1).

L'acte corrélatif de saint Vindicien donne pour l'un et l'autre l'an 680 ; toutefois sa date renferme un élément faux, dont l'insertion même accuserait une époque moins ancienne. Chose plus grave, il inscrit comme témoins des évêques qui n'ont pu le signer, pour la raison qu'ils étaient morts, quelques-uns depuis longtemps.

Il en est de même de la bulle confirmative d'Etienne II placée à la suite dans le Cartulaire de St-Vaast. Elle est datée du 2 des nones d'avril, 8e année du règne de Thierri ; or, le dernier des Thierri, IVe du nom, était mort depuis quinze ans lorsque fut intronisé le pape Etienne II qu'on lui donne ici pour contemporain.

Le préambule de cette confirmation ne respecte pas mieux la chronologie ; il déclare qu'elle est accordée à la demande commune de saint Vindicien, venu à Rome pour la solliciter, et de Carloman, alors moine de St-Benoît, quand il est avéré que le fils aîné de Charles-Martel ne se fit moine qu'en 747, c'est-à-dire une quarantaine d'années après la mort de l'évêque !

(1) Cette copie du XIIe siècle, sous forme d'original, a été reproduite en fac-similé par l'éditeur du Cartulaire de Guiman. Elle est la

Voilà sous quelle forme étrange se présentent à nous les premiers titres de propriété de l'abbaye de St-Vaast, ce palladium de son domaine temporel : *quæ nobis semper defensionis propugnaculum sunt et fuerunt.* Guiman avoue d'ailleurs que les originaux se réduisaient de son temps à quelques lambeaux de papyrus sauvés à grand'peine de la pourriture et de l'incendie et conservés comme reliques dans le trésor de l'abbaye (1).

Un siècle avant Guiman, Balderic ou Baudri, clerc de l'évêque de Cambrai, avait, lui aussi, transcrit dans sa chronique les titres primitifs de l'Église d'Arras. Après avoir mentionné, d'après Flodoard, la clause interpolée au testament de saint Remi, l'auteur donne in-extenso le texte de la lettre adressée par saint Vindicien au pape Jean V, au sujet des abandonnements consentis par le même Thierri III en faveur de l'Église.

source unique des différents textes. Les « six exemplaires » où il a cru trouver d'utiles variantes dérivent tous d'Aubert Le Mire, qui l'a imprimé le premier et ne peuvent offrir que des différences de transcription.

Quant à la bulle d'or attribuée à ce diplôme mérovingien, c'est à coup sûr une révélation pour les diplomatistes, on n'en connaissait pas d'exemple. Mais le témoignage d'un copiste du XVIe siècle fera-t-il foi ? On peut en douter. *Cartul.* p 17. 412, 425.

(1) *Que quidem privilegia in scirpeis papiris exarata, et in presenti tum vetustate tum crebris incendiis pene dirupta, pro reliquiis apud nos habentur, et exemplaria illorum que huic subnectimus, quia nobis semper defensionis propugnaculum sunt et fuerunt, in thesauris nostris conservantur.* Il est clair que le texte des papyrus n'existait plus ; les copies que nous connaissons, *exemplaria,* conservées jusqu'à nous, tenaient déjà lieu des originaux. Etaient-elles authentiques ? là est la question. L'éditeur du Cartulaire n'en doute pas, « surtout après l'attestation de Guimann qui a *vu les originaux et en fait la description.* » C'est pousser loin la croyance aux reliques !

A cette lettre est jointe la confirmation apostolique, le tout ratifié, comme plus haut, dans l'assemblée des évêques au palais de Compiègne, sous la date et avec la fausse indiction déjà signalées dans le diplôme de St-Vaast (680).

D'abord le pape Jean V. dont il est ici question, n'ayant pu siéger avant 685, la lettre qu'on lui attribue correspondrait au pontificat d'Agathon, première incohérence ; ensuite, comme dans le diplôme de St-Vaast, on fait signer la ratification par des évêques morts depuis des années, par exemple St Léger, qui s'obstine à protester contre son exil d'Autun, bien que décapité depuis bientôt dix-huit mois.

Tous les diplomatistes, à partir du P. Le Cointe jusqu'à Pardessus, en passant par les Bollandistes, ont relevé les anomalies, les vices de forme et les contradictions historiques de ces titres faux ; la cause est jugée souverainement (1).

S'ils n'ont pas été fabriqués de toutes pièces pour légitimer une possession d'état contestée, tout au moins les a-t-on remaniés, interpolés, développés, en les reconstituant peut-être à l'aide de souvenirs et de fragments hétérogènes

---

(1) C'est avec stupéfaction qu'on lit ce qui suit dans l'*Appendice au Cartulaire de Guiman*, à propos de deux anciennes copies des diplômes de Thierri III et de l'empereur Charles-le-Chauve, reproduites en fac-simile par son éditeur, M le chanoine Van Drival :

« Elles prouvent une fois de plus la solidité des arguments du P Lecointe (*sic*) sur l'authenticité de ces actes dont il sera désormais difficile de douter. » — (Guiman, *Cartul.* p. 412.)

Or c'est le P. Le Cointe qui le premier a mis en relief l'incohérence de cette fable inventée plus tard par les moines de St-Vaast pour expliquer les donations de Thierri : la pénitence imposée au roi dans un concile imaginaire d'évêques morts ou exilés, pour un crime qu'il n'avait pas commis, alors qu'Ebroïn, le coupable, était encore à l'apogée de sa puissance ! *Hanc fabellam posterioribus seculis excogitaverunt Monachi Vedastini.*(P.Le Cointe. *Ann.* IV 124).

C'est le P. Le Cointe qui a dressé contre le diplôme de Thierri ces chefs d'accusation qui ont irrémédiablement compromis son

échappés aux causes habituelles de destruction ou au pillage des invasions normandes.

On ne sera donc pas surpris d'apprendre de Mabillon, qu'ayant fait tout exprès le voyage d'Arras pour les étudier, il dut repartir sans en avoir eu communication : *Plura de percelebris monasterii primordiis dicere cupientem deficiunt vetera instrumenta, quæ mihi inspicere non licuit, tametsi ejus rei causa istuc profecto* (1)

L'éminent bénédictin y voyait trop clair, et MM. de St-Vaast avaient les meilleures raisons pour éluder son indiscrète curiosité.

Mais si ces titres sont caducs et récusables comme pièces juridiques et diplomatiques, ils ne sont pas historiquement sans valeur et sans importance. En expliquant rétrospectivement le fait de la possession, ils lui assignent une date, des causes et des circonstances, sinon sous des garanties d'exactitude absolue quant aux détails, tout au moins d'après un ensemble de traditions anciennes   relativement voisines des évènements : ce sont des chroniques sous une autre forme.

Ils nous apprennent que vers 680, au temps de l'évêque de Cambrai Vindicien, le clergé d'Arras était réparti en deux communautés distinctes, dont le caractère, la sphère d'action, les immunités et le domaine furent par lui nettement déterminés.

D'un côté les clercs, *canonici*, largement pourvus par la munificence royale, vivront paisiblement dans le cloître de

authenticité : *putidæ falsitatis certa indicia.* (Pardessus, **Diplom.** ii, 820.) On ne l'a donc pas compris ?

Que dire du second diplôme, celui de Charles-le-Chauve empereur, placé avec la même désinvolture sous la garantie du savant oratorien ? Il n'en a pas dit un mot ; la mort a interrompu son œuvre à l'an 845, trente ans avant l'époque où il aurait eu à s'en occuper !

(1) *Ann Bened.* i, 509 (1703).

Notre-Dame, *in ipso monasterio*, autrement dit, *ecclesia S. Mariæ Atrebatensis civitatis*, isolés des agitations du monde, *ab omni mundano strepitu sequestramus*, vaquant au service divin et priant Dieu pour le roi, la reine, leurs fils et la stabilité du royaume.

L'accès du cloître, *ecclesia*, est interdit aux autorités civiles et militaires. Toute main-mise, toute ingérence de l'évêque dans les revenus des clercs lui est défendue sous peine d'anathème (1).

D'autre part, les moines, bien plus libéralement dotés, habiteront le monastère somptueux que le roi Thierri fait bâtir à ses frais, *mirifice ac decenter*, en dehors de la Cité d'Arras, *in suburbio Atrebatis civitatis*.

Là, ils serviront Dieu en paix, isolés du bruit et des agitations du monde, sous celle des quatre règles monastiques que leur abbé choisira, priant Dieu pour le roi, la reine, leurs fils, l'Église et la stabilité du royaume.

Du consentement de l'évêque et de ses clers, le roi affranchit le monastère de la juridiction épiscopale ; il en interdit l'accès aux autorités civiles et militaires ; l'évêque lui-même n'y peut entrer si l'abbé ne l'y convie ou ne l'y autorise (2).

Au siècle suivant, un pape aurait confirmé ces diverses immunités qui assuraient aux moines l'autonomie temporelle sous la sauvegarde du roi, et l'indépendance spirituelle par rapport à l'évêque sous la tutelle et l'autorité pontificales (3).

Il est inutile d'insister sur un parallélisme qui trahit l'imitation, et le même besoin, de part et d'autre, de fonder en droit, par une consécration ancienne, de prétendues franchises nées de la péremption et de l'usage.

Ce qui demeure certain, c'est que le cloître de N.-D. en

(1) Pertz, *Monum. germ. Scriptores*, VII.
(2) Guiman, *Cartul.* p. 18.
(3) *Ibid.* p. 24.

Cité, *monasterium* ou *ecclesia B. Virginis*, et le *castrum* ou *monasterium* au faubourg de *Nobiliacus* formaient respectivement, de chaque côté du Crinchon, une enclave indépendante, sorte d'asile inviolable au milieu d'un territoire soumis pour le reste à l'autorité des officiers du roi.

Mais tandis que l'Église restait stationnaire sous l'administration des évêques de Cambrai, on voit le monastère prendre des développements rapides. Moins de deux siècles après les donations de Thierri, il était devenu propriétaire de toute la campagne environnant le *Castrum*, sur une étendue de quatorze cents arpents, c'est-à-dire cinq ou six fois la superficie de la Ville d'Arras actuelle, y compris ses remparts, ou, pour mieux dire, leur emplacement (1).

D'où lui venaient ces accroissements ? Quelle en est la date ? Où en sont les justifications ?

Tout ce que nous savons, c'est qu'en 866 ils furent repris en détail dans une sorte d' « ostension » ou polyptique des biens de l'abbaye, dressé sur l'ordre de Charles-le-Chauve par trois officiers royaux, Guillebert, Oderic et Evrebert (2).

Ce manuscrit, qui serait aujourd'hui pour nous d'un prix inestimable, a disparu depuis longtemps sans qu'on en ait gardé copie. Guiman l'avait entre les mains; il s'en est certainement servi pour dresser le terrier qui occupe une si large place dans son cartulaire; on le mentionne encore à la fin du XVe siècle (3), après quoi la trace en est définitivement perdue.

---

(1) La Ville, la Cité, la Citadelle, y compris leurs fortifications, couvrent une superficie de 267 hectares ; la Ville seule et ses fortifications 100 hectares.

(2) Guiman, *Cartul.* p. 5.

(3) « En l'an VIIIe LXVI. le dict roy Charles Cauve... en fist faire certaine description..... comme pœult apparoir clèrement par le livre de la dicte descripcion, lequel est encoire en la dicte église. » — *Notice sur l'Abbaye de St-Vaast* à la suite du *Journal de Dom Gérard Robert* édité par l'Académie, 1852.

Une requête en parlement, présentée par les moines vers 1415, contient un exposé des origines de la ville d'Arras, dont certains détails semblent empruntés plus ou moins directement à cet ancien pouillé ; ils sont de nature à en faire vivement regretter la perte.

L'extrait suivant nous reporte, en imagination, à la naissance même de la Ville sur les terres alors comprises dans l'exploitation agricole de l'abbaye :

» Item, que la dicte Ville et Cité d'Arras estoit et fut anchienrement tout ung corps scitué ou lieu où est ad présent la Cité d'Arras que on appelloit vuigairement Baudimont ; et ainsy le treuve l'en es hystoires anchiennes.

» Item, que lors ladicte ville n'avoit aucune muraille ou forteresse et n'y avoit que petis faulxbours.

» Item, que ladicte église de St-Vaast estoit lors où elle est ad présent, c'est assavoir hors de la Cité d'Arras et ou lieu alors appellé les faulxbours d'Arras ; et alentour d'icelle église n'estoient que jardins et terres ahannables appartenans à ladicte église, esquelz jardins et terres ahanables est de présent assise et construicte ladicte ville d'Arras ; et ainsy le treuve l'en es anchiens livres.

» Item, que au pourprins de ladicte église avoit lors un grant gardin, moult grant, largue et spacieux et tenans moult grant pays, lequel estoit fermé du ru qui passe par la dicte ville appellé le ru du Crinchon qui estoit partie dudit gardin tout appertenans à ladicte église, et ainsy le dist on notoirement en la dicte ville (1).

(1) Les auteurs des *Rues d'Arras* écrivent : « La Grande-Place a été longtemps designée sur les plans sous le nom de *Verger de l'Abbaye de Saint-Vaast*; c'était là, en effet, que les religieux avaient planté les arbres nécessaires aux besoins du couvent. »

M. E. Lecesne de même, *Dict. hist. et arch. du P.-de-C.* I, 63...
« Grande Place : c'était primitivement *le verger* de l'abbaye de St-Vaast : elle devint en 1160 un lieu affecté au public. »

Les limites du *Jardin*, appelé dans Guiman *Viridarium, Pomerium,*

» Item, que à la dicte église et aussi prez d'icelle, paravant la construction et édification de la ville d'Arras, et là où elle est assise et édifiée de présent, avoit une cense ou ferme appellée *bouverie* (1) appertenans à la dicte église, en laquelle estoient herbegiés les fermiers de la dicte cense et les bestes des dictz relligieulx.

» Item, que à la dicte *bouverie* ferme ou cense appartenoient et appendoient nœuf coutures qui vallent bien trois cens et chincquante bonniers de terre, lesquels trois cens et chincquante bonniers de terre valent par l'usage et estimation dudit pays xiiiᵉ mencauldées de terre, c'est assavoir chascun bonnier quatre mencauldées de terre.

» Item, que chascune mencauldée de terre, à l'extimation du pays de France, vault bien ung arpent de terre et plus ; et ainsy les xiiiᵉ mencauldées de terre appartenans aus dits relligieulx ad cause de leur dicte censse montoient xiiiᵉ arpens de terre parmy le jardin.

« Et de ces choses est voix et commune renommée audict pays, *et ainsy fu trouvé par déclaration ou dénombrement baillié au roy de France nommé Charles le Cauve.* »

» Item, que ladicte église de St-Vaast estoit forte et estoit comme ung chastel et forteresse avant la construction et édification de ladicte ville d'Arras, etc... (2) »

Les derniers mots de cette citation nous ramènent au

Hortus, sont nettement indiqués par les documents et les plans ; la Grande-Place n'y fut jamais comprise. Le grand marché du Samedi était déjà règlementé en 1030. Nos places remontent aux origines mêmes de la Ville.

(1) Voilà, pour les *boves* ou carrières d'Arras, une explication indigène qui dispense d'aller chercher l'origine du mot en Espagne ; car, si *boveda* est de la famille, il n'a assurément rien de la physionomie qui caractérise un ancêtre.—Voir L. Cavrois, *Antiq. du Cloître N. D.* dans le *Bull. de la Comm. du P-de-C. IV*, 133 (1875).

(2) Arch. du P.-de-C, *Cartul. de St-Vaast*, Pièce 318, p. 277 rᵒ.

Castrum Nobiliacus, appellation qui demande à être exami-
née dans chacun de ses éléments.

Des neuf premiers diplômes insérés dans le Cartulaire de
Guiman, huit reproduisent identiquement la phrase *monasterium quod vocatur Nobiliacus*, et la neuvième donne
monasterio Nobiliaco.

Une charte de l'évêque Gérard, de 1031, porte, d'après la
copie de Guiman, *in cœnobio quod Nobiliacum dicitur* (1).

Nobiliacus, avec ses analogues *Noviliacus, Nuviliacus,
Novilliacus* etc., a donné naissance à tous les Neuilly,
Neuillé, Noaillé, Neuillac, Noblac, Nully, Neuvilly, etc.
qui émaillent la carte de France, sans parler des congénères
d'Allemagne et de ceux qui ont disparu sans laisser de pos-
térité (2).

D'où vient ce mot ? La tradition artésienne le rattache à
nobilis, et cette tradition remonte haut, puisqu'elle se place
sous l'autorité d'Alcuin. L'auteur de la vie de Saint Vaast
dit en effet :

Est autem locus ipse non longe ab eadem urbe, qui pro
nobilitate *sui* Nobiliacus *primo est appellatus ; sed proce-
dente tempore, tam insignis effectus ut urbis nomine quæ
jam ruinis crebrioribus obsoluerat vocitetur* (3).

Nobiliacus, fut le premier titre honorifique donné au
berceau de la naissante capitale ; mais la suprême distinction
pour elle sera de s'appeler *Arras* : ce nom de la Cité, *Civitas
Atrebatum* , le cri de ralliement, le drapeau, c'est la Ville qui
le porte.

Lorsqu'il fonda son monastère de *Nobiliacus*, l'ermit
saint Léonard l'appela, dit-on, Noble Domaine, parce qu'il

(1) La forme *Nobiliacum* a prévalu de nos jours, sans doute à
cause de sa consonnance avec *Castrum*, qui fait prendre ce mot
pour un adjectif, ce qu'il n'est pas, même imprimé avec une minus-
cule.

(2) D'Arbois de Jubainville, *Rech. sur l'Orig. de la propriété* (1890).

(3) Boll. *Acta Sanct.* 8 Febr. I, p. 799, col. 2.

le tenait de la munificence royale ; c'est aujourd'hui Saint-Léonard-le-Noblac (1).

Le savant commentateur du Polyptique d'Irminon, Guérard, dit de son côté à propos de Neuilly-le-Bisson :

« Il y a en France beaucoup de villages du nom de Neuilly ; la plupart sont désignés en latin sous celui de *Nobiliacus*, ou autrement *Noviliacus*, et sembleraient d'après l'étymologie avoir été des lieux de plaisance habités par des seigneurs. » (2)

Dans ces trois exemples, l'explication de *nobilis* diffère, mais le point de départ reste le même.

Guiman ne s'en écarte pas davantage ; il se contente de paraphraser Alcuin, en parlant des libéralités de Thierri III : *Tantumque et* nobilitate *et divitiis (locum) insignivit* etc. (3).

Un siècle plus tard, notre Adam de la Halle y semble faire allusion dans son Congé :

> Arras, Arras, ville de plait
> Qui soliez estre si *nobile !*

On se demande s'il ne faut pas voir une semblable rémi-

---

(1) Ord. Vitalis, *Hist. eccl.* iv, 211, note .Ed .Soc. de l'Hist. de France (1852) « Il existe en Limousin et dans toute la France un grand nombre de localités dont les noms sont congénères. Tels sont deux Neuillé, vingt-cinq Neuilli, trois Noiallac ou Nouilhac, trois Noailles, etc. » — V. *Rec. des Hist. de la France*, ii, 388.

(2) Guérard, *Polypt.* ii, 852. L'auteur propose dubitativement une autre solution beaucoup moins satisfaisante, à mon humble avis : « Peut-être, dit-il, *des endroits abondants en herbe et humides* appelés NOA, dans la basse latinité, et NOUES dans l'ancienne langue vulgaire. »

D'abord NOA laisse inexpliqué la seconde syllabe du mot et inexplicable la terminaison i-*acus*. Ensuite NOA n'est sans doute que le français NOE, NOUE latinisé, substantif verbal de NOER qui semble venir de NATARE comme NOËL de NATALIS. Des NOES sont des prés qui baignent.

(3) Guiman, *Cartul.* p. 16. Voir plus loin, p. 197, note 1.

niscence dans le nom de *Noblerue* donné jadis à une issue
du Castrum, appelée successivement, rue des Gouverneurs (1),
rue du Calice, rue du Soufflet d'Or, rue du Rat-porteur
(aujourd'hui des Rapporteurs), ces trois dernières dénomi-
nations empruntées à diverses enseignes.

La composition du mot accuse une origine ancienne :
elle rappelle *Foucrue* à Calais (XIII° s.), *Tennerue* et
Tenrestract à St-Omer (Id), *Auvierrue, Pipourue, Kieverue*
à Cambrai (XIII° s. et XIV° s.), *Carpionrue* à Bertry (XII° s.),
Ricquerue à Douai, enfin à Arras *Galeurue, Cruneurue* (2)

---

(1) Les gouverneurs d'Artois occupaient au XIV° siècle la Petite-
Cour-le-Comte appelée la Gouvernance.

(2) Nous parlerons ailleurs de *Galeurue*. La mention de *Cruneurue*
est unique dans Guiman (p. 211) et n'existe que là, d'après une
copie du XV° siècle. L'éditeur du Cartulaire déclare n'en pas trouver « l'équivalent moderne » (p. 454). La comparaison de son te te
avec les rentiers postérieurs le lui aurait aussitôt fourni : c'est évidemment la rue des *Balances*.

Le nom pourrait bien être le même et venir de *trutina*, balance,
soit par le changement qui rattache *craindre* à *tremere*, soit par
une faute des copistes qui ont d'ailleurs tellement bien altéré son
dérivé, le *trutinagium* perçu par St-Vaast, que l'impression a per-
pétué leur grosse méprise en la faisant sienne.

Mais, qu'on lise *Cruneurue* ou *Truneurue*, rien ne justifie l'opinion que la maison des *Balances*, ou toute autre de la rue, aurait
servi de poids public, soit à St-Vaast, soit à la Ville (*Rues d'Arras* I,
163).

Aussi loin qu'on peut remonter vers l'origine de l'établissement,
de Robert II (purement fiscal et pas autre chose, malgré les *Rues
d'Arras*, II, 70, et *Les Places d'Arras*, p. 289), la ville eut sa « Halle
au Poids » rue aux Ours, en face de la rue du Colimoge.

Ce ne fut qu'après la vente de cet immeuble, proposée en même
temps que celle de la vieille halle échevinale en 1576, que le poids
public fut transféré sur la Grande-Place, dans la « Carpenterie de la
Ville ». Celle-ci fut vendue à son tour en 1754 ; elle était alors
contiguë au couvent des Carmes déchaussés.

et *Haiserue*, l'une et l'autre citées par Guiman, celle-ci bien avant, dès 1104, dans une bulle originale (1).

Cependant, malgré sa physionomie archaïque, *Noblerue* n'a pas laissé de traces antérieures à la fin du XIVᵉ siècle.

Si *Nobiliacus* eût partout revêtu cette même forme, il est vraisemblable qu'on ne lui aurait pas cherché d'autre origine. Mais certaines leçons substituant un *V* au *B*, atténuation dialectale d'ailleurs fréquente dans la basse latinité, d'autres doublant l'*L*, d'autres remplaçant *O* par *V*, etc., ces variantes devaient fatalement amener des dissidences et provoquer des solutions nouvelles.

Parmi les étymologistes qui ont rompu avec la tradition artésienne, il convient de citer d'abord notre collègue, M. Ricouart, dans son travail sur les noms de lieu. Hâtons-nous de dire qu'il n'est ni le seul ni le premier.

« On a, dit-il, traduit ce mot par « le château des Nobles. Les Romains avaient bien à cette époque des Clarissimes. des Respectables, des Excellents, des Illustres, mais pas de Nobles ; le mot n'est venu que beaucoup plus tard...»

« *Nobiliacus* ne provient pas de *nobilis*, mais de *novus* par *novellus*. Flodoard cite un *Novilliacum* qui n'est qu'une forme de *Nobiliacus*. Ces noms sont les synonymes de nos modernes *Neuville*. » (2).

J'ignore qui a traduit *Castrum Nobiliacum* par « Château des Nobles », interprétation contestable assurément. Je pré-

---

(1) *Haiserue* conduisait à *Hadis*, une des *villæ* suburbaines de St-Vaast (Guiman, *Cartul.* 248). *Haise*, différent de *haie*, s'est conservé dans le sens de palissade, barrière, et figure sous ce nom parmi les pièces héraldiques. Or il est à noter que ce côté d'Arras, plus facilement accessible, était protégé, au moyen-âge, par de nombreuses *barrettes* extra-muros. *Haisel* avait le même sens.

En 1155, les clercs de l'évêque Godescal écrivaient déjà *juxta portam* de *Haisgerue* aujourd'hui « d'*Hagerue*. »

(2) L. Ricouart. *Etudes sur les noms de lieu*, Arras.

férerais de beaucoup celle de Guiman qu'on n'a pas relevée : le Château du Roi (1).

Cependant, l'auteur visé pourrait peut-être répondre : 1º Que les Romains connaissaient la noblesse, voire même l'anoblissement; 2º Qu'ils employèrent couramment le mot *nobilis* dans ce sens, lorsqu'une nouvelle classe aristocratique remplaça les anciens patriciens ; 3º Qu'ils eurent même des Nobilissimes à partir de Constantin, et que ce titre passa de la famille impériale aux enfants des rois mérovingiens.

Maintenant, est-ce dans cette acception spéciale, est-ce avec un sens plus général que *nobilis* entrerait dans la signification de *Nobiliacus?* C'est là un problème que des données historiques permettraient seules de résoudre, et nous ne possédons pour Arras que la donation de Thierri.

Mais au point de vue philologique, il est permis de penser que *nobilis* vaut ' ' *novellus* pour le sens, et qu'il lui est infiniment supérieur quant à l'analyse des formes.

Car si « Noble domaine » va de pair avec « Nouvelle ville », en revanche *nobilis* seul se prend substantivement et peut seul recevoir le suffixe locatif *i-acus*, tandis que *novellus*, fût-il additionné de cette syllabe, n'en resterait pas moins un simple adjectif, incapable comme tel de jouer le rôle d'un nom, conséquemment d'un nom de lieu.

L'assimilation de *Novelliacus* avec *Neuville* pèche donc par la base. *I-acus* ne correspond ni à *Ville*, ni à tout autre élément nominal des composés toponymiques analogues ; il est une simple modification finale, emportant idée de localisation ou de domicile, ajoutée à l'indispensable nom qui doit lui servir de base.

Ces principes entrevus déjà au siècle dernier, précisés et développés par Quicherat (2), ont conduit un savant de la

---

(1) *Tantum et* nobilitate *et divitiis insignivit ut idem locus...* civitatis totius firmitas CASTRUMQUE REGIS *vocaretur et esset.*—P.21.

(2) J. Quicherat. *De la formation française des anc. noms de lieu* (1867).

même école à formuler toute une théorie nouvelle sur les noms en *acum, acus, i-acus.*

D'après M. D'Arbois de Jubainville, chacun d'eux dériverait d'un gentilice, rappelant le premier romain propriétaire en Gaule d'un *fundus* qui a conservé son nom (1).

Pour les nombreux *Nobiliacus* qu'on rencontre un peu partout sous des formes diverses, le gentilice serait *Novellius* porté sous Tibère par *Novellius Torquatus* et par une dizaine d'autres que l'auteur mentionne après lui (2).

On ne saurait méconnaître ce qu'il y a d'ingénieux dans cette thèse historique fondée sur le fait absolument certain que la presque totalité des noms de lieu en *acus*, sinon tous, proviennent d'un nom d'homme.

Cependant, quand on part d'un système général pour élucider des faits particuliers, il est nécessaire de tenir grand compte des exceptions possibles, puisque c'est en dehors d'elles que la règle s'est posée.

Ainsi à côté de ces *Novellius*, hommes de race, il se rencontra de bonne heure des parvenus appelés *Nobilis* (3). Pourquoi, eux aussi, n'auraient-ils pas constitué des *fundus* auxquels ils auraient associé leur nom ? Cela se voit tous les jours.

Et puis il faut faire la part de l'analogie, de l'hybridité, de l'équivoque et des transformations dans ces nomenclatures de date incertaine auxquelles *Nobiliacus* sert de type. Sous la variété de leurs formes se cachent vraisemblablement des origines onomastiques plus diverses qu'on ne suppose.

Mais, je le répète, les données manquent pour résoudre historiquement le problème ; or, des spéculations purement étymologiques ou verbales ne suffisent pas à les remplacer.

---

(1) D'Arbois de Jubainville. *Rech. sur la propriété* (1890).

(2) On peut comparer nos innombrables *La Gérard*-ière, *La Simon*-ière, *La François*-ière, etc., sans oublier *La Jeannot*-ière ou toute autre gentilhomm-*ière* (nobili-àcus) sans gentilice.

(3) De-Vit, *Totius latinitatis onomasticon.* V. NOBILIS (1887).

C'est ce que nous allons constater une fois de plus, et non la dernière, à propos du *Castrum Nobiliacus*.

Il s'est formé autour de cette expression par trop suggestive toute une légende qui ne date que d'hier, bien qu'elle ait poussé déjà des racines profondes.

Ainsi procèdent les organismes en suspension qui peuplent l'histoire de bien des origines : un mot suffit à les produire, l'imagination féconde le germe et le développe.

Castrum reporte à *castra*, et *castra* aux Romains : donc le *Castrum Nobiliacus* devait être un ancien camp, un camp romain, sans doute du temps de l'empire, comme qui dirait sous Valentinien et Gratien, de 367 à 370 : la date est adoptée sans discussion.

Son enceinte, « son immense enceinte », présentait tous les caractères d'un « camp permanent, pouvant contenir trois cohortes », avec ses portes décumane et prétorienne, celle-ci « dans la rue St-Aubert près de l'égout (1) ».

Veut-on maintenant connaître les raisons stratégiques de cet établissement militaire ? Il était « destiné à défendre la ville au midi comme elle était défendue au nord par le camp d'Etrun ». (2) Ou bien encore « il remplaçait les *castra stativa* d'Etrun qui ne suffisaient plus pour réprimer la turbulence des descendants de Comm ». (3)

On a dit la même chose de la citadelle de Vauban, et, deux siècles plus tôt, du château de Louis XI : l'histoire se répète — en remontant.

Des assertions aussi précises, mises en circulation sous les garanties les moins contestées, ne devraient, à ce qu'il

(1) Harbaville, *Mémor. hist.*, I, 40-41 (1842). — Terninck, *Etude sur le camp d'Etrun* (Bull. de la Comm. des Ant. dép., II, 236 (1865). — Lecesne, *Hist. d'Arras*, I, 21 (1880). — De Cardevacque, *Arras fortifié* (Mém. de l'Acad. d'Arras, 2e série, XXII, 129 (1891).

(2) Lecesne, *loc. cit.*, I, 21. Tailliar, *Recherches sur l'abb. de St-Vaast*, p. 154 (1859).

(3) Ricouart, *Etudes sur les noms de lieu* (1891).

semble, laisser aucune place au doute dans l'esprit du lecteur. En réalité, elles n'ont d'autre fondement qu'une exégèse de fantaisie, l'évolution dans le vide du mot *castrum*.

Les sources de notre histoire locale pour cette époque reculée sont des plus restreintes, on les a donc vite épuisées : la vie de saint Vaast, celles de saint Aubert et de saint Vindicien, quelques chapitres de Balderic et de Guiman, quelques alinéas des chroniques, et c'est tout.

Or, on a beau lire et relire les textes, nulle part on n'y trouve le moindre indice d'un ancien camp ayant existé jadis, à aucune époque, sur l'emplacement où allait s'élever l'abbaye de St-Vaast.

C'est seulement en 680, dans le diplôme de saint Vindicien, que l'on rencontre la première mention du *Castrum : Judiciarias potestates excludimus ab ingressu memorati monasterii sive* CASTRI ; plus loin : *Nec aliqua regia et judiciaria potestas presumat illorum ingredi monasterium sive* CASTRUM ; et enfin : *Stabilimus ut ipsum* CASTRUM *cum monasterio et villulis* etc.

La bulle d'Etienne II adressée *fratribus monasterii B. Vedasti quod vocatur Nobiliacus vel Atrebas* déclare en ces mêmes termes l'immunité du monastère : *Prohibemus ut nullus episcoporum... presumat illorum ingredi monasterium sive* CASTRUM.

Ces textes donneraient donc, au plus, le droit d'affirmer, en même temps que l'érection du monastère à la fin du VIIᵉ siècle, celle d'un *castrum* ou retranchement fortifié pour le défendre. Quant à l'existence antérieure en cet endroit d'un camp, *castra — stativa, hiberna* ou autre — c'est là une hypothèse gratuite, une invention que rien n'autorise et ne justifie.

Mais si le camp romain, *castra*, n'est qu'un mythe, la forteresse elle-même, *castrum*, est-elle à cette date une réalité? La garantie d'un témoignage authentique pourrait seule nous en convaincre ; or nous savons que nos deux premiers diplômes n'en présentent aucune.

C'est donc aux témoignages subséquents qu'il faut demander la vérité.

Le premier qui se présente est la vie de saint Vaast révisée par Alcuin. On a vu plus haut le passage où l'auteur célèbre les progrès de l'ancien *Nobiliacus* maintenant appelé Arras. Il est muet sur le *castrum*. Guiman ne manquera pas de combler cette lacune en introduisant dans le texte de son devancier l'anachronisme *firmitas castrumque regis*.

L'oubli d'Alcuin paraît assez inexplicable, mais ce qui va devenir tout autrement significatif, c'est le silence gardé par les diplômes suivants.

On sait que, pour maintenir leurs droits et constater la continuité de leur possession d'état, les institutions religieuses, comme plus tard les communes, avaient soin, à chaque changement de règne et de pontife, de faire ratifier la confirmation de leurs privilèges.

La sauvegarde de ces droits exigeait que les passages essentiels des titres antérieurs fussent repris dans les mêmes termes par les confirmations nouvelles.

Nous avons vu dans ceux qui concernent les donations de Thierri que le *castrum* partage les immunités du *monasterium*, l'un n'y est pas nommé sans l'autre ; il est donc naturel de s'attendre à les voir repris ensemble dans les actes confirmatifs obtenus ultérieurement par l'abbaye. Or les deux premiers émanant l'un de Charles-le-Chauve et daté de 867 (1), l'autre de l'archevêque Hincmar au concile de Verberie en 869 (2), parlent du monastère *Nobiliacus*, sans faire aucune mention du *castrum*.

(1) Guiman, *Cart* p. 40. — Cf Pertz, *Monum.* Script. *I p.*
Quo patrato negotio Karolus Synodum apud Trecas 8 kalend. novembris auctoritate Nicolai papæ indicit, et causa venandi ac expendendi, autumnale tempus in abbatia Sancti Vedasti et in Audriaca villa ac circumcirca morari disponit.
(2) Guiman, *Cart.* p. 26.

Il en est de même des deux diplômes suivants, celui du pape Jean VIII, de 875 (1), et la ratification de Charles-le-Chauve, empereur en 876 (2), à laquelle on peut ajouter, si l'on veut, son très suspect duplicata sans date, reproduit en fac-similé par l'éditeur du Cartulaire (3).

Voilà donc cinq documents dont quatre d'une authenticité non contestée (4), qui s'accordent pour ignorer l'existence de ce *castrum* associé au *monasterium* dans les privilèges antérieurs. (5)

(1) Guiman, *Cart* p. 35.

(2) Ibid. p. 32.

(3) Ce titre est le pendant de la charte de saint Vindicien ; il est l'œuvre du même faussaire et trahit la même pensée : rattacher à la fondation de Thierri III, l'origine de tous les droits et immunités du monastère. Le vrai diplôme de Charles-le-Chauve ne visant pas ces donations antérieures, l'autre a pour objet de réparer l'oubli et de fonder la tradition ; c'est pourquoi il intercale, avant l'énumération des biens, *quœ nobis a predecessore nostro rege Theodorico delegata sunt.*

Malheureusement, car on ne songe pas à tout, l'auteur laisse échapper, dans un diplôme « impérial », des « *regali* » *munere reddimus*, et des « *regia* » *auctoritate prœcipimus*, qui me semblent « découvrir la fourbe et l'erreur ».

Cette pièce mutilée n'en est pas moins qualifiée de bulle d'or, tout comme celle de Thierri, et avec une égale vraisemblance Mais, pour qu'elles ne fussent pas seules à jouir de cet honneur immérité, on l'a en même temps accordé au diplôme authentique, en manipulant sa formule finale ainsi transcrite dans les copies : *annuli nostri aurei appensione sigillari jussimus*, évidemment substituée à la phrase courante et seule vraisemblable : *annuli nostri impressione sigillari.*

Si l'auteur et le calligraphe ne font qu'un, il est regrettable que l'abbaye n'ait pas conservé le nom de l'artiste. — Voir sur ces bulles d'or les idées de M. Van Drival, *Appendice* p. 411 et *Première étude* p. 425 du *Cartulaire Guimann* (1875).

(4) Sous toutes réserves quant aux fautes et additions des copistes.

(5) Je dois faire observer ici que la bulle de Jean VIII reproduite

Un tel silence, rapproché de celui d'Alcuin et des chroniques Védastine, Bertinienne et autres, donne quelque droit de penser que, si leur témoignage négatif n'est pas une preuve directe, il autorise au moins les plus fortes présomptions.

L'ordre chronologique nous amène ensuite au diplôme du roi Eudes en 890. Ici, le charme se rompt, et, pour la première fois le *castrum* nous apparaît dans son éclatante et incontestable réalité : on venait de le construire !

Quia vero, proh dolor ! ob nimiam paganorum infestationem, castrum, *propter munimen loci, Karolo imperatore petentibus monachis consentiente et permittente, in ipso monasterio ab eis constructum est, ideo de antiqua monasterii* clausura *reticemus ; edificia vero sicuti sepius dictus rex Karolus constituit et semper consuetudo fuit, ita construantur et restaurentur ubicumque necesse fuerit.*

Denique sub occasione castelli *nolumus nomen* monasterii *deperire, ne ordo monasticus in eo a secularibus perturbetur.....* (1).

Il résulte clairement de ce paragraphe que, pour résister aux attaques des Normands, les moines, autorisés par l'empereur Charles-le-Gros, devenu roi de France en 884, avaient fait de leur monastère un *castrum*, ce qui rendait inutile l'entretien de l'ancienne muraille, *antiqua clausura.*

En conséquence, le roi Eudes juge inutile de reproduire,

dans le Cartulaire imprimé, page 35, contient cette phrase : *ac sine perturbatione possideant* castrum *atque prædictum monasterium.* Je ne doute pas que l'éditeur n'ait reproduit exactement les manuscrits du XVe et XVIe siècle dont il s'est servi. Mais j'ai sous les yeux la copie du XIIe siècle dont j'ai signalé l'existence à l'Académie d'Arras et ailleurs. Le texte donne ici *claustrum*, comme dans le privilège d'Hincmar, page 27, et non pas *castrum.* Je n'avais donc à tenir aucun compte d'une substitution fautive.

(1) Guiman, *Cartul.* p. 55.

sur ce point, les prescriptions édictées en 867, par le roi
Charles-le-Chauve : *C_lausura vero monasterii et edificia...
sicuti semper consuetudo fuit ita construantur et restaurentur ubicumque opus fuerit.* Il se borne à parler de l'entretien
des édifices et des précautions à prendre pour assurer l'ali-
mentation des moines.

De l'ancienne muraille nous n'avons rien à dire, sinon
qu'elle était une simple fermeture claustrale et ne cons-
lituait pas un ouvrage défensif antérieur, comme on l'a
pensé. La preuve nous en est fournie par le récit de la trans-
lation du corps de St Vaast à Beauvais en 880. C'est l'œuvre
d'un témoin oculaire ; le détail qui nous importe n'y est
qu'un développement accessoire, il échappe donc à tout
soupçon de préméditation intéressée.

L'auteur nous montre les hommes du Nord traversant la
mer et venant s'abattre sur nos rivages, pillant les monastè-
res, saccageant les lieux saints, semant sur leur route
l'incendie et le carnage.

« Saisis d'épouvante à la vue du péril qui les menace
dans ce monastère jusqu'alors sans défense, n'ayant ni mur
d'enceinte ni le moindre retranchement pour les protéger,
les moines chargent sur leurs épaules le sarcophage du
saint, et, prenant la fuite au plus vite, ils courent se réfu-
gier à Beauvais. »

*Monàchi pavore consternati et futuri prospicientes periculi,
presertim cum adhuc locus monasterii afforet immunitus,
nec muris esset circumseptus, nec saltem vallo circumdatus,
assumpto in humeris locello in quo ossa sancta recondita
erant, actutum fuge presidium invenerunt (et) Bellovacum
petierunt* (1).

Le passage est décisif et ne laisse place à aucune incertitude.

La question nous paraît donc tranchée. Il n'a jamais existé
de *castrum* à Arras, ni romain ni autre, avant la fin du

(1) Boll. *Acta sanct.* Febr. I, p 809, col 1.

IX⁰ siècle. La légende n'a d'autre fondement qu'un mot, un simple mot, inscrit par un faussaire maladroit dans deux actes destinés à élargir la donation de Thierri, en y ajoutant des immunités spirituelles et temporelles auxquelles on ne songeait pas alors.

Ce furent les invasions normandes, surtout celle de 885 suivie du siège de Paris, qui décidèrent les moines à prendre enfin des mesures de défense et à s'abriter derrière les solides murailles d'un *castrum*.

La vieille forteresse n'a pas encore tout à fait disparu, et, à juger par ce qui nous en reste, l'abbé Hrodolf n'y épargna pas les matériaux : il n'avait d'ailleurs qu'à les prendre, les « boves » creusées dans le calcaire du sous-sol environnant rencontraient partout une mine inépuisable.

Une fois le nouveau rempart debout, muni de ses tours et de son enceinte extérieure palissadée (1), Arras devient place de guerre et son histoire militaire commence — une histoire de dix siècles, qui débute par l'invasion et finira de même !

Les chroniques auparavant muettes vont maintenant enregistrer ses fortunes diverses.

Hastings *(Alstingus)* passe, en 891, une convention militaire avec l'abbé ; puis, profitant des solennités d'une fête, il essaie de surprendre le *castrum*. Mais l'abbé Hrodolf était sur ses gardes, il évente le complot et prend à son tour l'offensive. Harcelés par ses fréquentes sorties, les pirates s'éloignent et ne reparaissent plus (2).

L'année suivante, à la mort de Hrodolf, le comte de Flandre Bauduin, qui convoitait l'abbaye, se fait mettre en possession par les habitants malgré le roi. Sur ces entrefaites, un incendie ravage le *castrum* et consume trois églises. Bau-

---

(1) *Jam monasterio muris circumsepto, turribus affirmato, vallorum ambitu circumdato.* — Boll. *Acta sanct.* Febr. I, *ibid.*

(2) Pertz. *Monum. Germaniæ historica.* Scriptor I, p. 526.

duin remet la forteresse en état et se prépare à la résistance. Le roi Eudes marche sur Arras. Le comte, par
une diversion rapide, le force à rétrograder. La paix est
conclue après cette infructueuse démonstration (1).

Les hostilités recommencent en 895 : Bauduin avait pris
parti pour Charles-le-Simple. Eudes assiège le *castrum*. Il
pouvait l'emporter de vive force, mais, par humanité, il
préfère accepter la capitulation qui lui était offerte, et, satis-
fait d'avoir affirmé sa suzeraineté en entrant dans la place,
il en rend les clés à son vassal (2).

Bauduin, quatre ans plus tard, trouva dans Charles-le-
Simple un vainqueur moins généreux. Arras assiégé de
nouveau fut encore une fois réduit à capituler. Le roi voulant
récompenser Altmar, le chef de l'expédition, lui donna le
castrum et le fit comte d'Arras (3).

Ces quelques citations suffisent à caractériser le rôle historique du nouveau *castrum* sous nos derniers comtes militaires, et sous nos châtelains, bientôt appelés à recueillir
leur succession.

Ce serait maintenant le lieu d'examiner d'après les textes
et les ruines la configuration de cette ancienne forteresse.
Peut-être reste-t-il quelque chose à dire sur l'enceinte dispa-
rue, ses portes, ses terre-pleins, plus tard convertis en jardins suspendus où l'on accédait par le faîte des maisons de
la rue.

Mais on ne peut guère aborder le sujet sans parler en
même temps de la Cour-le-Comte et de la Châtellenie, en
tant qu'ouvrages défensifs, et surtout de l'office et de la succession des châtelains d'Arras, qui n'ont pas encore leur
historien.

C'est un gros chapitre ; mieux vaut donc en réserver
l'étude et la remettre à plus tard.

(1) Guiman, *Cart.*, p. 527.
(2) *Ibid.*, p. 529.
(3) *Ibid.*, p. 531.

II

VETUS ET NOVUS BURGUS

De *Castrum* à *Burgus* il n'est besoin de chercher une transition : le second n'est que l'équivalent germanique du premier, latinisé dès avant les premières invasions barbares.

Pris d'abord au sens de forteresse, le mot finit par s'étendre à toute agglomération urbaine, fortifiée ou non. Celle qui entourait le *castrum* s'appela le « bourg » d'Arras.

> Miex aim del borc d'Arras la grant castelerie....,
> Que tote ceste terre et la cité antie — (1)

fait dire l'auteur de la geste à Bauduin de Jérusalem, qui tant s'ennuyait là-bas de sa belle maison d'Arras, de sa chère Clémence et de son petit Bauduin (2).

Plus tard, à côté des sergents du châtelain et des sergents à verge de l'échevinage, on verra parader, dans leurs habits rayés, les douze sergents à masse, encore appelés alors « les sergents du bourc ».

Innocent II, dans sa bulle de 1139 à Alvise, confirmant les possessions de l'église, distingue ainsi la Cité et la Ville : *Ipsam* Civitatem, *cui disponente domino preesse dinosceris,*

---

(1) V. à l'article CITÉ, nos notes sur le *Burgus capituli.*
(2) *La Conquête de Jérusalem.* — Hippeau, 1868. — v. 951.

omnes hospites qui infra vel extra murum, vel intra murum burgi consistunt (1).

Au commencement du XIIe siècle, un conflit mit aux prises les chanoines de Notre-Dame et les moines de Saint-Vaast ; il s'agissait de la séparation du « vieux bourg » d'avec le « nouveau bourg », *divisio veteris et novi burgi*.

Sauf Hennebert, trop absorbé à cette date par le miracle des ardents (2), tous les historiens locaux ont plus ou moins parlé de cette affaire et donné leurs interprétations.

Les avis diffèrent, je les ai soigneusement recueillis, et cette consultation m'a fourni une vingtaine d'extraits dont la place est indiquée plus bas par des références, suivant l'ordre chronologique.

Dix de ces extraits reproduisent Dom Devienne : le « vieux bourg », c'est la Cité, le « nouveau bourg » c'est la Ville (3).

Trois, au contraire, identifient le « vieux bourg » au *castrum* ; ce qui l'entoura serait devenu le « nouveau bourg » (4).

(1) Bibl. nat. Ms. latin 9930. *Cartul. du Chapitre d'Arras*. Pièce 90, f° 47, v^o. *Cf. Ibid* Pièce 70, f° 54, v^o.

(2) Hennebert. *Hist. d'Artois*, 1788, II, p 218-234

(3) D. Devienne. *Hist. d'Artois*, 1785, 2e partie, p 75.

Harbaville. *Mémorial hist*. 1842, I, p. 51.

P. Paris. *Villes de France*, 1844-49, Artois, p. 316.

D'Héricourt et Godin, *Rues d'Arras*, 1856, I, p. 25.

Tailliar. *Rech. sur l'Abb. de St-Vaast*, 1859, p. 283 note.

De Cardevacque et Terninck. *L'Abbaye de St-Vaast*, 1866, I, pp. 121, 127, 128.

Fanien. *Hist. du Chapitre d'Arras*, 1868, pp. 37, 133.

De Cardevacque. *Hist. de l'Admin. munic.*, 1879, p. 8.

Terninck. *Arras*, 1879, p. 63, 71

Lecesne. *Histoire d'Arras*, 1880, I, p. 66.

(4) Le Gentil. *Le Vieil Arras*, 1877, pp. 80, 177.

Le Gentil. *La porte Ronville*, 1881, p. 7.

Cavrois. *Anciennes paroisses d'Arras*, 1883, p. 16.

Enfin sept historiens, se plaçant en dehors de notre problème topographique, voient dans cette affaire une délimitation des paroisses d'Arras par l'évêque Lambert (1).

Avant de compulser les pièces du procès, peut-être n'est-il pas inutile de soumettre les interprétations qui précèdent au contrôle des circonstances locales et des possibilités historiques.

On sait que la Cité appartenait à l'évêque ; il la tenait du roi, il y avait la justice, y compris des droits sur l'Estrée, car le Crinchon fut de tout temps la limite de la paroisse Notre-Dame et celle du domaine épiscopal.

Le chapitre possédait également, dès l'origine, une seigneurie temporelle ; mais celle-ci ne dépassait pas en Cité l'enceinte du cloître, et ne s'y exerçait guère que sur les clercs et les suppôts de l'église.

Que des conflits dussent naître de la juxtaposition de ces deux pouvoirs féodaux, et surtout de l'exercice de leurs droits canoniques, toujours liés à des questions de redevances et de casuel, on le comprend ; mais ce qui ne s'explique pas, c'est l'intervention du chapitre dans un débat relatif aux limites de la Cité par rapport à la Ville.

Toute action en « cerquemanage et débornement », comme on disait jadis, suppose des propriétés contiguës. Or ni le domaine du chapitre ni sa juridiction temporelle ne confinaient à celui de Saint-Vaast. Il n'avait rien à voir dans une question de mur mitoyen qui regardait l'évêque et son suzerain d'une part, de l'autre le comte de Flandres et l'abbaye.

Et dans l'hypothèse d'une enquête à faire sur les limites

---

(1) Gazet. *Hist. ecclés.*, 1614, p. 111.
Locrii. *Chron. Belgic.*, 1616, p. 232.
Gallia Christ. 1720, iii, p. 223.
Hist. litt. c. la France, 1756, x, p. 42.
Harbaville, *Mémorial hist.* 1842, i, p. 49.
De Cardevacque et Terninck. *L'Abbaye de St-Vaast*, 1865, i, p. 127.
Fanien. *Hist. du Chapitre*, 1868, p 33.

contestées des deux villes jumelles, est-il admissible que le pape y eût commis tantôt l'une, tantôt l'autre des parties en cause, d'abord l'évêque, ensuite le maire et les échevins ?

Ces contradictions suffisaient, si je ne me trompe, pour faire rejeter à priori l'explication proposée.

Elle n'en a pas moins fait son chemin, comme on le voit, entraînant à sa suite une autre assertion tout aussi inexacte, risquée, comme corollaire, par D. Devienne sur l'origine de la porte de Cité et de la muraille séparative. Nous y reviendrons à propos de l'Estrée et de la Cité.

La séparation des paroisses d'Arras par l'évêque Lambert, séparation générale pour les uns, partielle pour les autres, a du moins ce mérite qu'elle se rapproche de la vraisemblance en rentrant dans les attributions ecclésiastiques et canoniales. La papauté serait donc justifiée, pour cette fois, du reproche qu'on lui faisait déjà d'avoir « une tendance à tout envahir » (1).

C'est à Gazet que remonte la constatation de cet acte épiscopal inconnu avant lui : « Cest Evesque, dit-il, divisa et sépara les Paroisses d'Arras par un synode qu'il tint en l'Eglise nostre Dame » (2). Ferry de Locre a mis la phrase en latin, la *Gallia* se l'est appropriée, et ainsi de suite, sans vérification ni contrôle.

Car personne ne connaît l'acte synodal dont parle Gazet ; et cependant, s'il l'a vu, on doit le rencontrer quelque part, soit dans un cartulaire, soit parmi les cent cinquante pièces du *Codex Lamberti*, ou encore dans les grandes collections de diplômes imprimés ou manuscrits.

On l'y chercherait en vain ; il n'existe aucune trace de cette prétendue séparation des paroisses d'Arras, ni là, ni ailleurs.

Nous n'avons d'autre garant du fait que l'affirmation du

(1) Lecesne, *Hist. d'Arras*, I, p. 66.
(2) Gazet, *Hist. eccl.* p. 111.

chanoine Gazet, dont Hennebert, doublement son collègue, a pu dire : « Il a défiguré son Histoire Ecclésiastique par des anachronismes sans nombre, par la falsification des noms propres de lieux et des personnes. C'est un copiste mal-adroit d'Iperius et de Meyer » (1).

Hennebert a raison, Gazet n'a aucune critique, et la preuve, c'est que son synode est simplement celui de 1098. Là eut lieu en effet, entre l'Église et l'abbaye, une sorte de partage, ou, si l'on veut, de séparation des paroisses, mais — des paroisses rurales de l'évêché !

Voilà comment, rapproché des titres relatifs à l'affaire des chapelles urbaines de St-Maurice et de Ste-Croix, l'acte synodal est devenu, grâce aux confusions de Gazet, la source d'une nouvelle légende sur l'épiscopat de Lambert.

La vraie question se réduit, d'après les textes, à un détail de « cerquemanage » (2), dont les conditions topographiques restent à déterminer.

Selon le chanoine Théry, dans son Répertoire manuscrit des titres de la cathédrale, la délimitation aurait eu pour objet la paroisse Sainte-Croix « séante au *vieux bourg* d'Arras » et les paroisses Saint-Sauveur et Saint-Géry « séantes au *nouveau bourg* ».

Cette interprétation, citée pour la première fois par notre collègue M. le Gentil, doit certainement se rapprocher de la vérité, car elle s'en tient à la lettre des documents. Elle a le mérite d'écarter l'hypothèse de D. Devienne, c'est déjà quelque chose ; mais elle n'explique rien, la question reste entière : Qu'est-ce que le « vieux bourg », qu'est-ce que le « nouveau bourg » ?

Pour dégager la solution du problème, je vais reprendre d'après les titres — environ quinze pièces en tout — l'histo-

(1) Hennebert, *Hist. d'Artois*, I, p. 19.

(2) Guiman, *Cartul.* 64-67. Confirmation à l'abbaye de quarante-cinq autels, a condition qu'ils seront sujets aux charges ecclésiastiques indiquées dans l'acte. — Cf. 247-248.

rique de ce long procès, à partir de la seconde moitié du XIe siècle.

Notre-Dame, *matrix ecclesia*, possédait dès lors, dans la ville d'Arras, les cinq églises énumérées par la bulle d'Adrien IV (s. d. 1154-1159) et la charte de Godescal (s. d. 1150-1161), confirmant les possessions de l'Église d'Arras : *Ecclesias etiam S. Salvatoris. S. Gaugerici, S. Auberti, S. Stephani et S. Vincentii ;* et de plus, *id juris quod in ecclesia B. Crucis vel in* NOVO BURGO *obtinetis* (1).

A l'abbaye de St-Vaast appartenaient deux autres paroisses : 1o Ste-Marie-en-Castel, exempte des visites de l'évêque et de toutes redevances ecclésiastiques; 2o St-Pierre, dont la circonscription mal définie paraît s'être étendue, à l'origine, au-delà de la rue de l'Abbaye, vers le Jardin St-Vaast.

Au commencement du XIe siècle, la population d'Arras s'accroissant de jour en jour, les moines, pour subvenir à l'insuffisance des églises, avaie· ît bâtir deux chapelles, l'une sous le vocable de Ste-Croix — on l'appelait « la chapelle St-Vaast »— l'autre, dédiée à Saint-Maurice, dans un jardin qu'ils possédaient aux confins de la paroisse N.-D. en Cité.

Cette chapelle de St-Maurice, consacrée à son érection par l'évêque de Cambrai et d'Arras, recevait les offrandes des fidèles du voisinage, et même celles des paroissiens de N.-D. compris dans un périmètre déterminé.

Quant à la chapelle Ste-Croix, elle jouissait en outre de la dîme de ce quartier et autres revenus ecclésiastiques.

L'une et l'autre payaient au chapitre un cens annuel de quatre sous. (2)

Cet arrangement, qui remontait aux premières origines,

(1) Bib. nat., Ms. latin 9930, *Cartul. du chapitre d'Arras*, no 1. fo 1 vo. — *Ibid.* no xxiv fo 11 ro.

(2) Guiman, *Cartul.* p. 145-149.

n'étant plus en rapport avec les bénéfices croissants du casuel, les clercs voulurent amender leur marché. Ils portèrent leur réclamation devant le synode, mais ce fut en vain ; les moines excipèrent d'une possession trentenaire et au-delà, ils eurent gain de cause.

Ita est determinatum in plena synodo ut, juxta decreta sanctorum canonum, eo modo quo abbas et fratres per .riginta et amplius annos et ex quo fundate sunt se defendebant tenuisse, eo deinceps libere et quiete retineant. (1)

L'acte de Gérard II, évêque de Cambrai, qui promulgue la sentence, est daté de 1090. De Locre l'a publié in-extenso (2).

C'est d'après la copie du *Chronicon Belgicum* qu'on a précisé la date de fondation des deux églises : *Per triginta et amplius annos ex quo fundate sunt.* En retranchant trente ans de la date de la pièce, on trouve en effet 1060. De Locre refait ainsi le calcul, après avoir donné d'abord 1064; (3) mais il importe peu, l'une et l'autre date est également contestable.

De Locre, en effet, n'a pas reproduit exactement le texte. La vraie leçon est : *Per triginta et amplius annos* ET *ex quo fundate sunt.* C'est celle du Guiman des Archives départementales, c'est surtout celle d'un codex du XIIᵉ siècle dont j'ai déjà signalé l'existence, enfin D. Queinsert l'a transcrite ainsi d'après l'original (4).

De sorte que, non seulement il y avait prescription plus que trentenaire, mais la possession d'état remontait jusqu'à la fondation même des deux chapelles.

Il y a donc lieu d'en reporter la date en arrière, vers le commencement du siècle.

(1) Guiman, *Cartul.*, p. 1.
(2) Locrii, *Chron. Belg.* p. 226.
(3) Ibid. p. 197. Cf. note à la marge. p 226.
(4) Bib. nat., Moreau, xxxvi, fᵒ 40 (1770).

Après leur échec devant la juridiction diocésaine de Cambrai, les clercs ne se tinrent pas pour battus ; ils en appelèrent au pape. L'occasion semblait favorable ; l'Église d'Arras venait de reconquérir son indépendance ; la reconnaissance autant que l'intérêt devaient porter Lambert à soutenir la cause de son chapitre.

Mais l'abbaye était puissante, et le pape Pascal II tenait à ménager les deux parties, la chèvre cléricale et surtout le chou monacal. Aussi ne dissimule-t-il pas à Lambert le profond ennui que lui causent ces interminables dissentiments. « Il ne comprend rien, dit-il, à cette querelle vaine. Il semble futile et déraisonnable d'obliger des fidèles qui fréquentent une chapelle tout le long de l'année, à venir aux grandes fêtes recevoir la communion dans l'église paroissiale. Il invite l'évêque à cesser ces tracasseries, le menaçant d'interposer au besoin son autorité apostolique. » (1)

Des offrandes obligatoires dues à N.-D. aux trois grandes fêtes, unique objet du litige, pas un mot : le pape ne veut rien comprendre.

Les clercs ne cédèrent ni à l'invitation, ni à la menace, et le procès suivit son cours. Les moines assignés par eux en cour de Rome comparurent au jour fixé, mais ils attendirent en vain leurs adversaires ; pour une cause inexpliquée ceux-ci firent défaut. Le pape, saisissant l'occasion de se débarrasser de l'affaire, écrivit aussitôt à Lambert de faire trancher la question par les évêques de Térouanne et d'Amiens.

Voici la sentence du jugement rendu par ces prélats au concile de Troies :

« Les paroissiens de N.-D doivent à Noël, Pâques et la Pentecôte porter leurs offrandes à l'église cathédrale et y recevoir la communion. Le reste de l'année, ceux des parois-

(1) Guiman, *Cartul.*, p 145. — Bib. d'Arras, *Codex Lamberti.* M. 1051, p. 131.

siens de N.-D. qui demeurent aux environs de St-Maurice dans les limites anciennement fixées, pourront, s'ils le veulent, porter leurs offrandes à la chapelle des moines. » (1)

L'acte qui termine cette première affaire porte la date du 7 juin 1107, avec la signature des évêques Jean de Térouanne et Godefroi d'Amiens.

La jurisprudence établie par cet arrêt servira de base au règlement des difficultés ultérieures.

Encouragés par un premier succès, les clercs poursuivirent leurs revendications au sujet de la chapelle Ste-Croix.

Des dix pièces relatives à cette question, six sont sans date aucune, quatre ont l'indication du lieu et du jour, dont deux ajoutent à ce double renseignement les chiffres de l'indiction VI et VII, correspondant aux années 1113 et 1114. La connexité de ces divers actes n'étant pas douteuse, on peut avec certitude les rattacher tous à l'une ou à l'autre de ces deux années d'après leur teneur.

Quant à la date de 1101 empruntée à Ferry de Locre par la plupart des historiens d'Arras, elle doit être portée comme nouvelle erreur au compte du *Chronicon* (2).

La première pièce du dossier de l'affaire est une bulle de Pascal II adressée de Latran à Lambert, le 9 avril (1113) dans laquelle le pape détermine, par une décision juridique, les droits réciproques des parties (3). Les moines resteront en possession des chapelles de Ste-Croix et de St-Maurice, aux termes et conditions établies par Gérard II en 1090. De leur

(1) *Cartul. du chap. d'Arras,* n° xxvi, f° 14.

(2) Locrii, *Chron. Belg.* p. 257.

(3) Je laisse de côté la bulle de Pascal II à l'abbé Henri, imprimée dans le Cartulaire de Guiman, page 150 : c'est une confirmation générale sans rapport direct avec la cause. L'année 1113 y semble en désaccord avec le chiffre V de l'indiction et celui du pontificat XIII. Notre copie du douzième siècle donne ces mêmes notations. C'est que la bulle est datée suivant le style Pisan, elle doit être ramenée pour nous au 27 mars 1112.

côté, les chanoines de Notre-Dame percevront sur les fidèles du « nouveau bourg »*de novo burgo*, les prémices, les dîmes et offrandes annuelles obligatoires des trois grandes fêtes. Pour ce qui est des offrandes volontaires de ces mêmes fidèles du « nouveau bourg » et des legs attribués aux églises par testament, ou confiés au lit de mort à des fidéicommis pour leur être distribués, les moines les partageront avec les chanoines » (1).

La question de principe une fois tranchée, restait à déterminer les limites de ce « nouveau bourg » sur lequel les moines devront désormais reconnaître aux chanoines des droits jusqu'ici contestés.

C'est sur ce point de fait que se concentra la résistance de St-Vaast.

Le pape en écrivit à Lambert : « Il y a, dit-il, incertitude et débat entre vos clercs et les moines de St-Vaast sur la limite du « vieux bourg » et l'étendue du « neuf bourg ». Soumettez l'affaire à l'arbitrage de personnes anciennes et véridiques, qui ne soient suspectes ni à l'une ni à l'autre partie » (2).

Nous n'avons pas la réponse de Lambert à cette première lettre, mais il est probable qu'il manifesta quelque inquiétude par rapport à l'obéissance de l'abbé de St-Vaast, en même temps qu'il demandait l'explication de certaines clauses de la sentence apostolique.

Le pape, en effet, lui écrivit de nouveau pour le charger itérativement de la délimitation du « vieux bourg » et du « neuf bourg », *veteris et novi burgi divisionem*. « Il a ordonné à l'abbé de St-Vaast de se conformer absolument au jugement d'enquête. Les droits du chapitre doivent courir à partir du prononcé du jugement. Conséquemment St-Vaast

(1) Guiman, *Cartul.* p. 149 -- Baluze, *Miscell. V.* p. 363 (1700)

(2) Baluze, ibid. p. 364, imprime : *De* mota *Burgi veteris et novi burgi quantitate...* La phrase n'a de sens qu'en lisant : *De* meta *burgi veteris et novi burgi quantitate.*

restituera au chapitre les prémices, dîmes et offrandes qu'il aurait indûment perçues depuis lors. Semblable restitution s'impose aux clercs s'ils ont détenu la part des offrandes volontaires et des aumônes attribuées à St-Vaast.

Les dîmes du « bourg », *decimas de burgo*, doivent s'entendre des fruits de la terre, des animaux et du produit que retirent de leur travail les habitants du bourg de Ste-Croix « *burgensium* » (1).

Lambert obéit à l'ordre qui lui était donné ; il fit l'enquête et rendit compte au pape du résultat de sa mission dans deux lettres qui paraissent avoir été expédiées du synode de Reims (2).

« Il s'est, dit-il, conformé ponctuellement aux instructions du saint-père sur l'enquête relative à la division du « vieux » et du « neuf bourg ». Il en a chargé des paroissiens anciens et véridiques qui ont opéré en l'absence des parties, afin de prévenir entre elles toute altercation et d'éviter que les arbitres fussent influencés de façon ou d'autre. Mais l'abbé de St-Vaast a prétexté de cette absence pour refuser de se soumettre à l'enquête. Or, comme un synode devait prochainement se tenir à Reims, les parties sont tombées d'accord de prendre conseil des évêques réunis sur la conduite à tenir.

Au jour fixé, devant les évêques et les prélats assemblés, Lambert somma les « cerquemaneurs », *divisores*, au nom de Dieu, de saint Pierre, du pape et au sien, de faire la

---

(1) *Cart. du Chap. d'Arras*. n° XXIII, f° 9 v°.

(2) Sept. 1114. V. *Gallia IX*. col. 81. La chronologie de ces pièces présente de grandes difficultés. Jaffé date de 1113 et 1112 deux bulles de Pascal II à Lambert, l'une « Dissensio que » donnée à Anagni le 7 novembre, l'autre « Abbatem Sancti » à Latran le 27 mars. Or, la première concerne l'affaire de la chapelle St-Maurice, réglée au concile de Troies en mai 1107, et non le procès pendant du « vieux bourg » et du « nouveau bourg ». Il est donc très vraisemblable qu'elle doit être reportée en novembre 1106. Pour l'autre, mars 1106 étant un peu loin, et 1107 impossible, il se peut qu'elle se réfère au procès de Ste-Croix.

division sincère et loyale du « vieux bourg » et du « neuf bourg ».

Mais au moment où, pour assurer l'expression de la vérité, l'évêque, passant l'étole à son cou, allait formuler la menace d'excommunication, voilà que le moine Guillaume s'avance au nom de son abbé, et, sans provocation ni prétexte, au mépris du saint-père et de son évêque, il assigne les chanoines à comparaître, le 1er octobre, devant la cour d'Arras, en paiement d'une dette de neuf deniers absolument étrangère au débat; et, troublant l'audience par cet incident, il entraîne son abbé hors de la salle.

En présence de ces manœuvres dilatoires, les chanoines ont assigné l'abbé à comparaître devant le pape à la St-André.

L'évêque, sur leur réquisition, n'en a pas moins envoyé l'Église en possession de la part qui lui est attribuée. Mais il n'a plus la force de vaincre par les voies de justice la résistance de l'abbé, car la main du Seigneur s'est appesantie sur lui nuit et jour : il est en proie à une maladie grave et opiniâtre. Il vient donc se jeter aux pieds du saint-père, implorant son appui dans cette lutte que soutient l'Église d'Arras à peine rendue à la liberté ; il le supplie de ratifier l'enquête, afin que son évêque ne devienne pas un objet de risée et que l'ordre du pontife ne soit pas mis à néant ». (1)

C'est le découragement dans l'âme et la rougeur au front que l'évêque adressait au pape cette dernière supplique, à la fois indignée et résignée : l'abbé de Saint-Vaast faisait échec au mandataire apostolique !

Pascal, dans sa réponse, commence par déclarer « que cet interminable procès l'ennuie considérablement. Il prie Lambert de ne pas se froisser s'il ne peut ratifier son enquête ; mais les moines n'y ayant pas été appelés, il lui est impos-

(1) Baluze, *Miscell.* v p. 364 et 366, Ep 134 et 135. —Bib d'Arras Ms. 1051, *Codex Lamberti*, fo 126 et 128.

sible, en bonne justice, de les obliger à s'y soumettre. Les deux parties lui ont d'ailleurs envoyé leurs mandataires ; il les a contraints à nommer des arbitres. L'évêque est chargé de veiller à ce que leur sentence soit rendue dans les quarante jours. et elle aura force de loi. » (1)

En même temps que cette bulle, le 6 novembre 1114 (2), partait de Rome un bref adressé aux douze arbitres choisis. En tête de la liste figure *Hugo major* (3), que nous retrouvons avec quelques-uns de ses coassociés inscrits en qualité d'échevins dans des chartes de 1111, 1115 et 1122.

L'une d'elles le qualifie *major de gilda eorum (burgensium)* (4). C'est donc un maire d'Arras, le premier que l'on

(1) D'Achery, *Spicileg.* III, p 463.

(2) Jaffé rapporte ces bulles à 1113-1114 ; je crois 1114 la date la plus vraisemblable, tant à cause du concile de Reims que de la maladie de Lambert, présage de sa fin prochaine. Le choix de l'une ou l'autre date n'a d'ailleurs aucune importance quant au fond de la question.

(3) Malgré le *major*, les *douze* jurés et le *municipium*, j'ai peine à croire que le pape s'adresse à la *municipalité* de ce temps-là. Ce *boni viri*, sans exclure les échevins, sont les notables, les prud'hommes, les *probi. legitimi et discreti, viri civitatis* de notre charte communale de Ph-Auguste. Les « *bons* bourgeois » étaient avant tout les riches bourgeois. Au seizième siècle on écrivait encore sur leurs marbres : « Cy gist X, qui fut *bon* marchaud . .»

Municipium, bien qu'il prête à certaines associations d'idées, n'a vraisemblablement ici d'autre sens que celui de château, ville fortifiée, comme dans les exemples suivants de la même époque et du même terroir :

Hugo (d'Oisy) ad municipium *quod apud Oiseum sibi paraverat rediit.* — Pertz, *Mon. Germ. hist.* VII, 496.

— *Erat autem munitio quædam quam castrum vel* municipium *dicere possumus.* Dom Bouquet, *Rec. des hist.* XIV, 239.

(4) Le P. Ignace (*Mém. du dioc.* I, 530) ayant lu *Jacques*, notre maire a continué de circuler sous ce déguisement. V. *Mémor. hist. du P.-de-C*, I, 55 (1842). — *Mém. de l'Acad. d'Arras.* XXV, 125 (1851) — *Rues d'Arras,* II, 266 (1856). — *Revue nobiliaire.*

connaisse, celui dont l'obit solennel deviendra une des attractions de la « ducasse » de St-Michel, car il eut sa sépulture dans cette chapelle extra-muros, peut-être comme paroissien de Ste-Croix dont elle était une dépendance (1).

Les autres *boni viri Atrebatensis municipii cives* étaient sans doute de « *bons* bourgeois », des notables de la ville (2).

Le pape leur enjoint, en leur qualité d'arbitres élus par les clercs de Notre-Dame et les moines de l'abbaye de Saint-Vaast, de déclarer, sous la foi du serment dont il leur donne la formule, ce qu'ils savent des limites du « vieux bourg » et du « nouveau bourg » (3).

Cependant la maladie de Lambert s'aggravait ; le chapitre manifestait les plus vives inquiétudes. La restauration épiscopale avait des ennemis, et, malgré la déclaration solennelle du pape que jamais le siège d'Arras ne serait rendu à

Nouv. série. ɪv, 289 (1868). — Les auteurs de *l'Abbaye de St-Vaast* le nomment *Jacques*, ɪ, p. 156, et *Hugues*, p 128. — L'abbé Fanien, *Hist. du Chapitre* (1868), continuant le dédoublement, place *Jacques* en Cité, p 37, et *Hugues* en Ville, p. 133, confondant les deux échevinages.

Hugues reparaît seul dans l'*Hist. de l'Admin. municipale* (1879), p. 8, suivi de « *Dodon de Lens* » ; c'est le *Dodo de Hastis* de la liste arbitrale, traduit par le P. Ignace « *Dodon de la lance* », et devenu par transcription phonétique « *Dodon de Lens* » !

Dodo de Hastis (Ct. *Hanstarius*, Lanstier) est le plus ancien bourgeois d'Arras dont on puisse identifier la demeure. Il avait sur la Grande-Place sa maison de pierre, *domus lapidea*, — un luxe en l'an 1100. — Sa veuve Marie la légua vers 1120 à l'abbaye de Saint-Vaast. C'est aujourd'hui le n° 48, l'ancien hôtel de *La Fleur de Lys*.

(1) Guiman, *Cartul.* p. 180 — V. *Sigill d'Arras*, 1865, p. xɪɪɪ.

(2) Guiman, *Cartul.* p. 334.

(3) D'Achery, *Spicileg.* ɪɪɪ, 463 (1723). — Bibl. d'Arras, Ms. 1051, p. 132.

Cambrai (1), les récentes conquêtes des clercs n'étaient pas
pour cela à l'abri d'un retour offensif de leurs adversaires.

Pour calmer ces appréhensions, le pape écrivit à l'évêque
d'Arras, le 18 décembre, définissant de nouveau les droits
paroissiaux de l'église à l'encontre des anciens privilèges
de l'abbaye, et confirmant par un décret les précédentes dé-
cisions (2).

Cette lettre est la dernière de la série.

Cinq mois après mourait Lambert, le 16 mai 1115. Nous
ne savons rien de la seconde enquête, la première seule nous
est parvenue ; et, comme elle n'avait été annulée que pour
vice de forme, il est vraisemblable que les nouveaux experts
n'eurent qu'à l'homologuer. C'est ce qui expliquerait pourquoi
elle est inscrite au cartulaire.

Vingt-trois maisons formant la limite du « vieux bourg »
y sont reprises une à une sous les noms de l'ancien propriétaire et du possesseur actuel, à quoi l'acte ajoute : *Ceteri
vero omnes circummanentes usque ad divisionem parro-
chiarum S. Salvatoris et S. Gaugerici sunt de novo burgo* (3).

La formule finale clôt ainsi qu'il suit le procès-verbal :

Hec est divisio veteris *et* novi burgi, *jussu domni P. pape*

---

(1) *Ibid.* Bulle « Audivimus quosdam ». Latran 6 avril, d'après
l'indiction V, l'an 1112.

(2) Baluze, *Miscel.* v. 367, Epist 136. — Bibl. d'Arras Ms. 1051
p. 130. On pourrait arguer du chiffre de l'indiction VII pour reculer
d'un an la bulle « Infirmitatis tuæ », mais il faudrait alors faire
rétrograder les actes qui la précèdent, et la vraisemblance les rapproche de la mort de Lambert. Le système suivi est donc celui de
l'indiction romaine.

(3) La Grande-Place était sur trois paroisses : tout le côté longeant
le rempart jusqu'à la Taillerie entre deux places, sur St-Nicolas et
St-Sauveur ; le rang opposé jusqu'à la rue du Colimoge (Coq Limoge,
Coq-émaillé — Faisan), aujourd'hui du Croissant-d'Or, sur St-Géry ;
la suite avec le quatrième côté, sur Ste-Croix ; les trois paroisses
étaient donc contiguës.

inter canonicos et monachos Atrebatenses a me Lamberto,
Atrebatensi episcopo diligenter inquisita et ventilata, et in
presentia testium subscriptorum canonicis data : S. Clare-
baldi archidiaconi. — S. Roberti archidiaconi. — S. domni
Gerardi. — S. domni Richerii. — S. domni Odonis. —
S. decanorum Mascelini, Gerardi, Azonis, Roberti, Radulfi.
— S. presbiterorum Ebrulfi, Rogeri, Balduini, Henrici,
Adam, Gualberti, Disderi. — S. canonicorum Duacensium
Amandi, Odechini. — S. canonicorum Lensensium Hilvini,
Guagonis, Johannis, Arnulfi, Alelmi (1).

En résumé, le « vieux bourg », c'était le noyau primitif
de l'agglomération ou « bourg » de Sainte-Croix, le voisinage
immédiat de l'église ; son extension progressive à la rencontre des paroisses de Saint-Sauveur et de Saint-Géry for-
mait le « nouveau bourg ».

Dans le premier, l'abbaye percevait la dîme et les autres
revenus ecclésiastiques moyennant un cens annuel dû au
chapitre, marché conclu à l'érection de la *capella Sancti-*
Vedasti, et confirmé en 1090 ; dans le second, au contraire,
la dîme était adjugée au chapitre, qui prenait en outre une
grosse part dans le casuel.

Ce partage entre l'église et l'abbaye venait d'être réglé
définitivement par sentence apostolique ; il s'agissait maintenant de savoir où finissait le « vieux bourg », où commen-
çait le « nouveau ».

Lambert fut chargé par le pape d'établir la ligne de
démarcation. Il procéda à l'enquête ; on en connaît les
incidents.

Voilà à quoi se réduisent la prétendue séparation des
paroisses d'Arras et la délimitation non moins imaginaire de
la Ville et de la Cité par l'évêque Lambert.

(5) Bibl. nat. Ms. latin, 9930. *Cartul. du chapitre d'Arras,*
Pièce XXIX, f° 16.

III

STRATA

L'Estrée, *via strata*, route empierrée, rue pavée, montant du Crinchon à la cathédrale, donna son nom à ce quartier d'Arras compris dès l'origine dans le domaine de l'évêque, bien que resté en dehors de l'agglomération de la Cité.

D'après un diplôme de 1037, il s'étendait du pont Enard, sur le Crinchon, jusqu'au cimetière en bas du cloître de Notre-Dame : *A ponte Enardi usque ad pedem atrii Sancte Marie* (1).

Ce pont Enard est le plus vieux souvenir topographique qui nous reste de l'Estrée ; il tenait à l'abreuvoir plus tard appelé Wetz Damain, du nom de la propriétaire d'un moulin qu'alimentaient ces mêmes eaux.

Une bulle d'Innocent II, confirmant, en 1137, les possessions de l'abbaye de St-Aubert de Cambrai, précise l'indication :

Apud Attrebatum, in Strata, camba una quam dedit Robertus sacerdos filius Thamardi (Thainardi ?) *concedente et confirmante Alviso ejusdem civitatis episcopo* (2).

---

(1) Guiman, *Cart. de St-Vaast*, Ed. Van Drival (1875), p. 172 : *Privil. Ledvini de theloneo*, 1036 *indict. V* (1037).

(2) Dr Le Glay, *Gloss. topogr.* dans les *Mém. de la Soc. d'émul. de Cambrai*, xxviii, 39.

La brasserie du pont Enard était, en 1155, la propriété de l'église d'Arras. On lit, en effet, dans ceux diplômes confirmatifs d'Adrien IV et de l'évêque Godescal :

Camba vicedomine super pontem Tenardi et cambam Tenardi pene predicte cambe oppositam (1).

Mentionné de nouveau en 1177, *pons Tenardi* (2) devient, en 1194, *Pontenardum* (3), pour reprendre ensuite sa forme normale dans un document original de 1261 : *Circa S. Aubertum ad pontem Enardi* (4), après quoi le nom disparaît.

Notons en passant que le père de l'évêque Alvise s'appelait *Einardus* (5).

Du quartier de l'Estrée, tout le côté vers le monastère appartenait à St-Vaast. L'envahissante abbaye n'avait laissé à l'évêque que la rue avec le côté opposé; encore y percevait-elle la moitié du tonlieu (6), sans compter que la nouvelle chapelle monacale de St-Maurice faisait concurrence à Notre-Dame en attirant à elle les paroissiens de l'Estrée et leurs offrandes (7).

Arras et la Cité étaient alors d'un seul tenant ; on croit même avoir retrouvé de nos jours, dans des travaux de terrassement, la trace de l'ancienne voie romaine qui raccor-

---

(1) Bib. nat. Ms. latin 9930, *Cartul. de l'église N.-D. d'Arras*, Nos 1 et 24, fos 1 vo et 11 ro.

(2) *Ibid.* No 36, fo 21 vo.

(3) *Ibid.* No 105, fo 61 ro.

(4) Bib. nat. Ms. latin 10972, fo 12 ro.

(5) Bib. d'Arras, Ms. 740. *Obit.* 28 févr. Cette indication peut servir à résoudre la question de savoir si Alvise (Auvis) était vraiment le frère de Suger, comme on l'a supposé d'après une lettre de Louis VII. Félibien, suivant un ancien obituaire de St-Denis, dit que le père de Suger s'appelait *Elinand.* Celui qu'il publie inscrit l'obit d'Alvise au 8 septembre ; l'église d'Arras le célébrait deux jours plus tôt, et celui de sa mère *Hostina* le 15 novembre.

(6) Elle la cèdera en juin 1239 au comte Robert.

(7) Guiman, p. 146

dait la rue d'Amiens à celle de l'Estrée, un peu au-dessus de l'abreuvoir (1).

Le comte Robert de Flandre sépara les deux villes jumelles. Rendu, après la conquête de Jérusalem, à sa « *grant castelerie d'Arras* », il était à peine installé dans sa « *maistre maison* », (2) ce castel de pierre édifié par lui, (3) qu'il dut repartir en guerre contre Henri V.

La campagne ne lui fut pas favorable. L'empereur s'empara de plusieurs châteaux forts dans la direction d'Arras et de Douai ; ces deux villes étaient menacées.

Heureusement l'hiver les sauva, et Robert, profitant de ce répit, s'empressa de faire la paix. Mais pour qu'Arras fût désormais à l'abri d'un coup de main, il le fit entourer d'une belle muraille de pierre blanche, *insigni ex albo lapide muro*, dont on aurait retrouvé des vestiges, noyés dans le massif du rempart qui vient de disparaître (4).

La configuration de la ville et le relief du terrain ne permettaient pas de laisser l'Estrée en dehors du mur d'enceinte. Aussi ne voit-on pas que Lambert ait fait la moindre résistance ; il avait d'ailleurs tout intérêt à ménager le champion de la papauté.

(1) Terninck, *Arras,* 29.

(2)   « Car pleust ore a Deu et a saint Simion
        Que je fusse a Arras en ma maistre maison. »
              Ed. Hippeau, *Conq. de Jérusalem,* v. 4638.

(3) *Chron. S. Andreœ*, ap. Le Glay, *Chronique de Balderic,* 377. « Nam et ipse amplas et honestas domos... unam scilicet juxta ecclesiam Atrebatensem ᵴ. Mariæ... *lapideo opere* construxit.

(4) « In Attrebatensem vero urbem, quam ipse paulo ante contra Henricum imperatorem munierat et *insigni ex albo lapide muro* undique cinxerat, corpus ejus a Morinis cum magno luctu delatum est, et in ecclesia sancti Vedasti præsulis, quem Theodoricus rex pro injusta interfectione sancti Leodegarii, Eduorum pontificis, pœnitens fundaverat, sepultum est ». Orderic Vital, *Hist. eccl.*, IV, 291. — V. *Sigill. d'Arras* (1865) p. XXIV.

4

Cette annexion créait cependant une servitude militaire, qui devait, par la suite, entraver l'exercice de la juridiction épiscopale. Elle devint la source d'une foule de difficultés et de conflits, et Balderic constate que, de son temps, les rapports entre l'Eglise et le comte étaient déjà tendus : *Fastuosa Flandrensium comitis excellentia adversari aliquanto consuevit* (1).

Pour mettre fin à d'interminables contestations, l'évêque Frumaud et Philippe d'Alsace conclurent en 1177 un accord dont l'acte solennel peut être considéré comme la charte de l'Estrée.

Ce document d'une haute importance locale, à la fois judiciaire et administrative, règle dans une vingtaine d'articles tous les points contentieux.

En première ligne vient la question de compétence et celle non moins délicate de la répartition des amendes. Les solutions varient suivant le taux de celles-ci, le domicile des délinquants, la nature du délit, enfin le lieu où il a été commis, soit *extra portam Strate*, soit *a porta Strate usque ad pontem Tenardi infra muros*, autrement dit, en Cité ou dans l'Estrée.

Le comte et l'évêque doivent se prêter main-forte pour l'exécution de leurs jugements réciproques et l'application de leurs ordonnances de police.

Ils ne donneront pas asile aux bannis ; ils ne toléreront pas que leurs sujets passent d'une juridiction sous l'autre en changeant de domicile, les hommes de l'évêque pour habiter la ville, ceux de la commune, *de communitate ville Atrebatensis*, pour s'établir en Cité.

Dans le cas où la fabrication de la bière serait interdite par le comte, l'évêque aura droit à une brasserie dans sa juridiction, pour son usage domestique et celui des chanoines et des clercs, à condition de n'en point trafiquer.

(1) Orderic Vital, *Hist. eccl.*, IV, p. 291. Edit. Aug. Le Prevost.

Enfin, de toute infraction commise par le comte, en ces matières ou autres, la réparation consistera pour lui dans l'offrande annuelle à l'église d'un cierge de cinq sous.

A cet acte interviennent comme témoins le comte de Hainaut, l'avoué de Béthune, le connétable et le sénéchal de Flandres, un grand nombre de châtelains, d'officiers, de feudataires et de membres du clergé. (1)

Le rétablissement de l'harmonie entre ces deux puissances voisines fut suivi de près d'une fondation charitable non moins avantageuse à l'Estrée qu'à la Ville, celle de l'hôpital St-Jean.

C'est près de la porte Saint-Nicolas, appelée alors porte de Saint-Sauveur, que l'hôpital St-Jean fut d'abord établi. Bien qu'on n'ait relevé jusqu'ici aucun vestige de cette première résidence, l'affirmation des titres originaux qui nous sont parvenus ne permet pas de la mettre en doute (2).

De ces titres, le premier par sa date apparente, mais non le plus indiscutable, est une sorte d'exposé historique de la fondation, soi-disant destiné à perpétuer la mémoire des premiers bienfaiteurs et de leurs aumônes.

Après un préambule solennel emprunté aux formulaires diplomatiques, on y voit le tableau des diverses donations, clos, selon les règles du protocole final, par la mention de l'année 1179, accompagnée de synchronismes.

A première vue, ce chiff. ; paraît dater la charte ; en y regardant à deux fois, on s'aperçoit qu'il se rapporte exclusivement à une donation systématiquement rejetée à la fin : l'examen de l'ensemble prouve, en effet, que l'acte n'a pu être rédigé avant 1186, et laisse supposer qu'il a dû l'être notablement plus tard.

Dans quel but le chroniqueur anonyme de St-Jean a-t-il

(1) V. le texte à la fin de cette notice.
(2) Ils ont été très soigneusement publiés par M. J.-M. Richard, *Mém. de l'Acad. d'Arras*, 2º série, xvi, 322.

voulu donner à sa relation ce faux air de diplôme authentique dont il recule la date, en y pendant un sceau quelconque pour compléter l'illusion ? On se le demande (1).

D'après son dire, l'instigateur des largesses de Philippe
d'Alsace aurait été Sauwalon Hukedieu, *Sagualo Hukedeu
de Attrebato*. Ce personnage est bien connu; son nom se
trouve dans bon nombre d'actes, à partir de 1174. Il était
fils de Henri Hukedieu (Hucdeu, Huchedeu, *Vocans deum*).
Sa mère s'appelait Oda, ses épouses Maria et Juliana (2).

Son fils Vaast, *Vedastus miles de Attrebato, filius Soali
Huchedeu*, étant en Terre-sainte, donna aux Templiers la
moitié de ce qu'il possédait *in Attrebato et in ejus civitatis
potestate*, ainsi qu'il appert d'un acte daté de St-Jean d'Acre,
en février 1203, v. st. (3)

C'est à lui que s'adresse Jean Bodel dans son Congé :

> Waast Hukedeu, tote voie
> . Sui jo vostres o que jo soie.
> Quar ainc ne vos trovai ombrage. (4)

Pour revenir au père, il fut *l'officialis* du comte de

(1) Quel est ce sceau ? M. Richard se montre trop discret à l'endroit des morceaux « enfermés dans un vieux sachet de soie. » —
Mem. de l'Acad. Ibid. p. 330.

(2) Voir les Obituaires aux dates suivantes: 28 fév. 18 mars, 23
avril, 25 mai, 4, 13 et 15 juillet, 7 et 17 août, 8 octobre. — Voir
aussi Guiman, *Cart.* pp. 201, 221, 224, 227, 228, 234, 235.

Noter pag. 220, dans l'Estrée, sur l'emplacement de l'hôpital,
cette maison de Frumoldus Empireville chargée d'un marc d'argent
d'« hostage » au profit de Sagualon Hukedeu, rente que celui-ci par-
tagea en 1176 entre le Chapitre d'Arras et l'abbaye de Mareuil. —
Cart. du Chapitre d'Arras, pièce 63, f° 23 v° (Bibl. nat. Ms. latin 9930).

(3) Arch. nat. S. 5208, n° 38. — Son père Sagualon avait déjà fait
en 1175 une semblable donation aux Templiers sur la terre de Méri-
court. — Bib. nat. Moreau, *Chartes*.

(4) Gaston Raynaud, *Les Congés de Jean Bodel*, v. 97. — Barbazan
et Méon, *Fabliaux, I*, p. 140.

Flandre, et, comme tel, le précurseur des grands baillis d'Artois institués par Philippe-Auguste.

Gautier d'Arras, qui desservait à cette époque le fief de notre châtellenie, avait également, comme lieutenant du comte à Amiens, le titre de *minister et officialis Philippi comitis Flandrie et Viromandensis* (1177) (1).

S'il semblait juste, il était surtout habile d'inscrire le nom de ce puissant protecteur en tête d'une énumération destinée à provoquer l'émulation et des libéralités semblables.

Mais ce qui frappe aujourd'hui dans ce document, c'est moins la générosité de quelques pieux donateurs que la mention de certain privilège dont Philippe d'Alsace aurait gratifié l'hôpital à l'égal des lieux saints, le droit d'asile.

On comprend l'importance que devait avoir pour la communauté, cette faveur insigne dont elle ne possédait aucune preuve écrite. L'objet principal du pseudo-diplôme, sinon le seul, n'aurait-il pas été de fournir à cette prétention le titre plus ou moins authentique qui lui faisait défaut ? Il ne me paraît pas téméraire de le supposer.

Un droit moins contestable est celui qui fut accordé aux frères de St-Jean, dès l'origine de leur première installation, le droit d'usage dans le fossé de la ville compris entre la porte St-Nicolas, dite porte St-Sauveur, et la porte Ronville : *Totum fosetum quod inter portam Sancti Salvatoris et portam Rotundam est* (2).

Cette phrase bien simple a donné lieu à une singulière interprétation topographique.

---

(1) Du Cange, *Hist. des Comtes d'Amiens*, p. 319 (Amiens, 1841).

(2) On ne peut attribuer qu'à une méprise de scribe, le changement de *porta Rotunde ville* en *porta Rotunda ville*, qui entraînait la suppression du dernier mot devenu inutile. Cette dénomination s'explique sans doute, mais elle ne correspond plus à « Ronville ». Dans le latin, *rotunda* n'est lui-même que l'équivalent phonétique « *reond* » substitué à « *Reon* » le *Radonus* de *Radonivilla* conservé par Balderic dans le privilège de St-Vindicien Le nom d'une porte,

Les historiens de l'hôpital St-Jean, ne concevant pas qu'il eût jamais pu exister ailleurs qu'en l'Estrée, ont adapté le texte aux nécessités apparentes d'une concordance préconçue. Ils ont vu dans *porta Rotunda*, ou porte ronde, l'ancienne porte de Cité ; quant à la porte St-Nicolas, *porta Sancti Salvatoris*, ils l'ont mise, comme porte de l'Estrée, *porta Strate*, à l'autre bout de la rue, sur le Crinchon.

De cette façon, l'hôpital se trouvait placé entre deux portes, comme le veut le texte, donc près du fossé concédé de l'ancienne muraille d'Arras, qu'on aurait dans la suite reportée plus loin — muraille imaginaire ainsi que la porte, bâties l'une et l'autre, de toutes pièces et sans matériaux, par le P. Ignace et Dom Queinsert.

Cette hypothèse servit d'abord à expliquer la séparation du « vieux bourg » et du « neuf bourg » par l'évêque Lambert, au temps de Louis VI ; puis on y adossa l'hôpital St-Jean, *regnante Ludovico rege 1179*, dit la charte, conséquemment sous Louis VII ; enfin, de Louis VII, une très légère impulsion a fait Louis VIII : de sorte qu'aujourd'hui, le fils de Philippe-Auguste passe pour avoir bâti ce prétendu rempart, déjà en place au temps de son bisaïeul (1).

De telles confusions ne résistent pas au moindre examen.

La porte de la Ville par où on allait en Cité donnait accès,

c'est celui du lieu où elle mène ; or, Ronville était le faubourg alors comme aujourd'hui. *Porta rotunda* est d'ailleurs une leçon unique, et partant suspecte, du pseudo-diplôme de l'Estrée. Il est inexact qu'on la rencontre dans Guiman, comme l'affirme M. de Cardevacque *Arras fortifié*, loc. cit. p. 136. Le *Cartulaire* porte, p. 216 : *In vico Rotunde ville. — Domus ad portam Rotunde ville.*

(1) « Ce prince, suivant cet acte, donna pour bâtir cet hôpital, le terrain qui lui appartenoit depuis la porte qu'on nommoit pour lors la porte St-Sauveur, porte qui servoit de clôture à la ville d'Arras, et qui se trouvoit placée au-dessus du ruisseau nommé le Crinchon, et la porte ronde qui fermoit la Cité » Dom Queinsert. *Abrégé de*

en sens inverse, de la Cité dans l'Estrée : de là son nom à double face, *porta Civitatis*, *porta Strate*. Mais, sous ses deux désignations, ce fut toujours une seule et même porte, l'Estrée n'en eut jamais d'autre, et elle exista dès l'origine au même endroit, là où on la voyait encore au siècle dernier, lorsque, après avoir été démolie par Louis XI, puis reconstruite, elle fut définitivement rasée.

Donc, ce qui s'est dit du déplacement de l'ancien rempart

l'hist. de l'hôp. St-Jean en l'Estrée (1768). Bibl. nat. *D. Grenier*, vol cl. f° 269 et Fr. 8533.

« Les fortifications de la ville ne dépassèrent pas primitivement le Wetz d'Amain, où fut érigée la porte de l'Estrée, entre l'hôtel de Chaulnes et l'hôpital Saint Jean.

« Au commencement du XIII° siècle, » dit en effet le P. Ignace, « le roi de France Louis, VIII° du nom, souverain et propriétaire » d'Arras, fit faire près le Wez d'Amin, la porte qui sépara la ville » de la Cité, d'où elle a été transférée à l'endroit où nous la voions » encore..... La paroisse de St-Nicolas-en-l'Atre s'étend encore à » présent jusqu'au bras droit du Crinchon, je veux dire jusques au » Wez d'Amin où estoit l'ancienne porte de la Cité, entre l'hôpital » St-Jean en l'Estrée et le pouvoir de Chaunes ». *Mém. du P Ignace.* t. vi, p. 516 ».

« Trois portes mettaient la Cité en communication avec la ville : 1° la porte de Cité ou Notre-Dame, faisant face à l'ancienne porte de l'Estrée..... Lorsque la ville et la Cité furent complètement soudées ensemble, il n'y eut plus entre elles qu'une seule muraille de séparation et par conséquent une seule porte.....» — L. Cavrois, *Notice sur les anc. paroisses d'Arras* dans les *Mém. de l'Académie d'Arras*, ii° sér. XIII, 377 (1882).

« La porte de l'Estrée construite par Louis VIII près du Wez d'Amin, entre l'hôpital St-Jean et l'hôtel de Chaulnes ».

« Le roi Louis VIII fit fortifier le côté de la ville qui n'avait pas encore de murailles.....» — A. de Cardevacque, *Arras fortifié*, dans les *Mém. de l'Acad.* ii° série, XXII (1891) pp. 132 et 137.

Cf. Proyart, *Etabl. de bienf.* p. 19. — D'Héricourt et Godin, *Rues d'Arras*, ii, 377. — Le Gentil, *Le Vieil Arras*, p. 82. — Terninck, *Arras*, p. 85.

d'Arras, du refoulement des deux branches du Crinchon contre les murailles de la Cité, du dessèchement du sol et de l'abandon par le comte d'un terrain vague (1) pour y construire un vaste hospice, tout cela est fiction pure : nouvel exemple, après le *Castrum* et le *Burgus*, du mode d'évolution des légendes historiques : *porta Strate.*

La vérité est qu'on ne sait rien, — pourquoi ne pas le dire ? — de l'origine, de l'organisation et du premier établissement de cette confrérie hospitalière, gouvernée au début par un *rector* plus tard appelé *magister*, et déjà pourvue d'un chapelain.

On ignore également à quelle date précise elle quitta la porte Saint-Nicolas ; les actes de 1181, 1186 et 1191 ne permettent sur ce point que des approximations hypothétiques.

La même incertitude s'étend aux circonstances et aux conditions de son établissement définitif dans le quartier populeux de l'Estrée, car la prétendue donation d'un terrain par le comte de Flandre n'a d'autre fondement que la cession du fossé entre les portes Saint-Nicolas et Ronville.

---

(1) « L'endroit où il fut bâti était alors un terrain vague ». — Harbaville. *Mémorial* I. 53.

« On choisit pour cela un terrain situé le long de l'ancienne rue qui conduisait d'une ville à l'autre, et qui était encore peu habité à cette époque ; on refoula contre les remparts de la Cité les deux bras du Crinchon, et sur le sol ainsi desséché, on batit un vaste hospice qui fut dédié à saint Jean dont il prit le nom. » — A Terninck, *Arras*, p. 85.

Il suffit d'ouvrir la polyptique de Guiman. p. 220, pour constater que ce prétendu « terrain vague » était au contraire couvert de maisons, comme aujourd'hui, et que l'emplacement actuel de l'hôpital appartenait à des particuliers ; ce qui n'empêche pas M. Van Drival de reprendre pour son compte ce soi-disant « terrain vague », au moment même où il imprime la liste des propriétaires qui l'habitaient. — Voir la note qui suit.

Il faut donc se résoudre à ne pas connaître le point de départ de ces accroissements successifs, qui permirent à l'hôpital de s'étendre rapidement sur la rue de la Queuterie qu'il finira par englober (1).

(1) L'éditeur du *Cartulaire* de Guiman nous donne page 455, à propos de topographie, un nouveau spécimen de ces dissertations improvisées qui lui ont trop souvent fait perdre de vue la critique du texte qu'il imprimait.

Il voit dans ce quartier « des terrains vagues ou moins bien bâtis. » « On croit, dit-il, que ce district était celui des habitants de degré inférieur et des maisons les moins belles et les moins régulières. » — C'est Du Cange qui, au mot *Coteria*, fournit involontairement prétexte à ces rêveries historico-étymologiques

La rue oe la « Cœuterie » (Keuterie, Queuterie) devenue « Quenterie », et finalement « Delquenterie » est encore reconnaissable à ses amorces ; elle conduisait du Wetz-Damain au Pont-St-Vaast, rue de Grauwechon (des Agaches).

Son nom correspond à « rue de la Matelasserie » ; il vient de « Cœute » (Keute, Queute) *Culcitra*, lit de plume, matelas.

La comtesse Mahaut fonda à l'hôpital St-Jean « dix lits garnis de keutes de plume. » — (Arch. de l'hôpital, 1320, 20 déc.) La réfection des « keutes et keutes pointes » par les « keutisières » d'Arras, soit à la Cour-le-Comte, soit à l'hôpital, fait l'objet de mentions dans les comptes des receveurs (V. J-M. Richard, *Inv. somm.* i, 280, ii, 164. 165.) — Le « markiet as keutes » est cité en 1228 dans un chirographe des mêmes archives hospitalières.

La rue de la « Keuterie » figure dans un titre original dès 1261. Le Registre aux rentes foraines de 1382, conservé aux Archives communales, porte très distinctement « en le Queuterie » (f° 45), bien qu'on ait imprimé « en le Quenterie ». *Mém. de l'Acad.* xxxviii, 469 (1866).

On la retrouve sous les formes « Keuterie, Queuterie, Cœutrie et Keutrie » dans le compte des Rentes de la Pauvreté, 1396 ; le cahier des Rentes du Quart forain, 1397-98 ; les Registres aux Embrevures : 1401, 25 juillet. — 1402, janvier et 20 juillet. — 1422, 15 avril.—

Philippe d'Alsace et Isabelle n'en sont pas moins les véritables fondateurs de l'hospice St-Jean-en-l'Estrée ; la rente
importante constituée par eux au profit de l'œuvre est le
fait primordial qui domine tout le reste et suffit à l'expliquer.

Cette libéralité, d'ailleurs, ne fut pas le seul titre du comte
à la reconnaissance de la population d'Arras : il convient de
rappeler qn'elle lui devait en outre son grand communal,
comprenant, avec le marais St-Michel, les pâtures de la
Scarpe et la pêche depuis Anzin jusqu'à Athies, *mariscum
et piscatura* (1).

Consécration implicite de la commune d'Arras, l'octroi
de cette propriété collective, *omnibus hominibus Attreba-
tensibus*, à charge par eux d'entretenir les fortifications,
méritait à tous égards de fixer l'attention des historiens.
L'acte original nous a été conservé précieusement, mais son
extrême concision en a fait méconnaître le sens et la
portée (2).

1428, 17 juin. — 1436, 11 janvier. — 1455, 3 janvier et 28 juin,
etc. — (Arch. comm. d'Arras).

La variante « rue de la Cœutillerie » donnée au XIVe siècle, par un
cueilloir de St-Vaast, et aux siècles suivants par ceux de l'église N.-D.,
ne laisse aucun doute quant au sens de ce nom, porté aujourd'hui,
sous sa dernière transformation, par une ruelle de rempart anciennement appelée « de Warnchem (Embrev. 3 fév. 1454-5, fo 74, vo),
puis « de Warehen, Warhem, Warhen » et enfin « de la Warenne. »
—Voir, comme curiosité étymologique, *Les Rues d'Arras*, I, 282: Rue
et Impasse Delquentrie.

(1) Voir le texte *Inv. des Chartes d'Arras*, 2e partie. Doc. III,
Ann. 1190.

(2) Il est passé sous silence par Dom Devienne, *Hist. d'Artois*,
M. le Gentil, *Le vieil Arras*, M. Terninck, *Arras*, M. de Cardevacque,
Arras fortifié.

Hennebert prend Philippe d'Alsace pour Philippe-Auguste, agissant
dans « sa première Chartre de l'an 1190 au nom de son fils Louis,
propriétaire de l'Artois. » Il interprète *ex marisco et piscatura* par

Un acte d'un intérêt plus immédiat pour l'objet de notre étude avait été scellé, deux ans auparavant, par le comte et sa nouvelle épouse, Mathilde de Portugal : c'était une conven-

« tant des marais que de la pêche *autour de la ville.* » *Hist. d'Artois.* III. 5.

Les Rues d'Arras, après avoir trouvé des « hommes libres » dans *omnibus hominibus*, travestit le rôle des échevins en même temps que le texte dans la plus étonnante des paraphrases. — T. I. p. 32.

M. Lecesne donne le texte en note et se contente de dire : « Les archives municipales possèdent un titre de 1190, où se trouvent mentionnés des échevins et des hommes libres. » *Hist. d'Arras,* I. 104.

Réduire aux herbes et à la pêche des fossés la donation de Philippe d'Alsace, c'est assurément méconnaître l'importance d'un acte qui fait époque dans notre histoire communale

Ce n'est pas sans doute que les habitants d'Arras eussent attendu jusque-là pour tirer profit d'un usage vraisemblablement contemporain des premières origines de l'agglomération urbaine ; Guiman fait déjà mention des communes pâtures du marais Saint-Michel et des autres (p. 336 et 347). Mais la charte du comte fonda leur droit, et, en le formulant, elle jeta une pomme de discorde entre la commune et Saint-Vaast.

Le vague de la rédaction prêtait à tous les empiétements ; la populace envahissait les fiefs et les censives de l'abbaye et pêchait ses viviers : *mariscum et piscatura.*

De son côté, St-Vaast prétendait avoir des droits exclusifs sur la Scarpe ; il était très jaloux de la pêche et défendait son monopole avec acharnement. — Guiman, *Cartul.* p. 341.

Une série de conflits, déjà accompagnés de violences, furent réglés par les conventions de 1239 et 1245, où est formellement visé l'acte initial du comte Philippe. *(Inv. des chartes de la Ville,* 2e partie. *Doc.* XV p. 17 et *Doc.* XVIII p. 21. — 1864.)

Ceux qui éclatèrent au siècle suivant soulevèrent de véritables émeutes en 1307 et en 1347. J'ai cité ailleurs la première, pour justifier les habitants d'Arras de la réputation de mangeurs de grenouilles que les historiens leur avaient faite, sur la foi d'un mot mal lu. *(Statist. monum. du P-de-C.* t. III, 8e livr. p. 6. — 1889.)

La seconde fut suivie d'une répression énergique et d'une nouvelle

tion par laquelle Philippe cédait à l'église (1), à charge
d'obits, tout ce qu'il possédait dans l'étendue de la juridiction épiscopale, sauf l'Estrée.

Là seulement, depuis la porte de Cité, *porta Strate,* jusqu'au pont Enard sur le Crinchon, *Pontenardum,* il gardait
l'ost, la chevauchée, la haute justice, les droits de porte et
de chaussée, sa vie durant ; à sa mort, ils devaient faire
retour à l'évêque.

Toutefois, il se réservait, à lui et à l'héritier éventuel de
son sang, la faculté de revenir sur ces abandons, en donnant

delimitation des pâtures communes (V. *Inv. des chartes de la Ville,*
2ᵉ partie *Doc.* XC. p. 88. — Arch. comm. d'Arras. *Recueil de pièces
imprimées* p. 66. Concordat du 13 juillet 1349).

Ces documents nous montrent les arbalétriers en tête de l'émeute:
ils avaient leurs « bersaux » dans les pâtures communes, sur les
terreaux de la Poterne, à Beauregard, joignant au marais de St-Michel:
c'était de longue date le rendez-vous et le lieu d'ébattement des
francs-tireurs, jouteurs et coureurs de quintaine :

> Ne doi mais aler au Marès
> Servir m'estuet d'un autre mès
> Que de mokier et de cifler.
> Car Danekins et Veelès...
> Mal m'ont apris à behourder
>
> *Congé de B. Fastoul,* dans Barbazan et Méon, *Fabl.* 1, 231.

On peut suivre l'histoire du communal de Saint-Michel dans nos
Archives, ses alternatives de location et de retour « à la communauté
des bourgois », les réglementations du droit d'usage, les projets
d'aliénation, etc. etc.

Au point de vue de la défense de la place, l'acte du comte Philippe
nous paraît en corrélation directe avec l'obligation rappelée, quatre
ans plus tard, dans la grande charte de Philippe-Auguste : *Qui
fossatum debent ad fossatum veniant sicut debent.*

(1) L'Eglise y voyait une restitution : *Obitus Philippi Flandrensium comitis qui libertatem districti ecclesie integre restituit Anno
Mᵒ Cᵒ XCᵒ Iᵒ (Kal. Junii)* — Bibl. d'Arras, Ms. 740.

à l'évêque, comme dédommagement, soit Fampoux, soit Vitry (1).

Philippe-Auguste n'avait approuvé l'acte qu'à la condition d'être admis lui-même, s'il y avait lieu, au bénéfice de l'option (2). Devenu maître de l'Artois, il préféra abandonner Vitry et manda à ses baillis, *bajulis Atrebati*, d'envoyer l'évêque en possession (3).

En même temps, par une des clauses de la grande charte qu'il octroyait à la bourgeoisie d'Arras, il lui rétrocédait l'Estrée (4).

Cette rue fera dès lors partie intégrante de la Ville. Il ne sera donc plus question de l'échevinage local mentionné par Guiman à propos de la rue de Borriane (5), que nous voyons intervenir, en 1181, à l'acte de fondation d'une des chapellenies de N.-D. par le chanoine Jean Crespin, et qui reçut, en 1138, la dessaisine d'une maison donnée aux hospitaliers de Hautavesnes (6).

La constitution de 1177, devenue caduque, fait place à la loi d'Arras, sans préjudice, comme toujours, aux privilèges des enclaves féodales dont il nous reste à parler :

(1) Bib. nat., Ms. latin 9930. *Cartul. du chapitre d'Arras*, n° 108, f° 62 v° (1188).

(2) *Ibid.* n° 105, f° 61 (1194). — V. L. Delisle, *Catalogue des actes de Ph.-Aug.* n° 428 et n° 429.

(3) *Ibid. Cartul. du chapitre*, n° 101, f° 60 (1194 nov.) V. L. Delisle. *Catalogue*, n° 430.

(4) *Inv. des ch. de la ville d'Arras*, 2° partie. Doc. iv., p. 6 (1194) V. L. Delisle, *Catalogue*, n° 417

(5) Guiman, *Cart.* pp. 225 et 226. — Sur le « *vicus Borriana* » qui a donné son nom au « fossé de Borriane » par corruption « fossé *Burien* », nous signalons, à titre d'ingénieux divertissement étymologique, l'article de notre collègue, M. Ricouart, dans les *Mém. de l'Acad.* nouv. série, XXII, 257 (1891).

(6) Arch. nat. S. 5208, n° 37, — publié par le comte Ch. d'Héricourt, *Mém. de l'Acad.*, nouv. série X, 25.

1º Le « pouvoir » du maire ; 2º le moulin du Wez d'Amain ; 3º le gaule de Sancerre ; 4º la seigneurie de l'Estrée.

I. On sait que la nouvelle charte royale avait spécialement réservé les droits du maire d'Arras. Ces droits furent étendus à l'annexe, où il eut, du chef de ce nouveau « pouvoir », son sergent spécial, comme Saint-Vaast et comme la seigneurie du lieu.

Nous le retrouvons plus tard réuni à la mairie féodale des Faverel ; l'accord de 1273 et le dénombrement de 1373 nous renseignent en détail sur les rentes, étalages, afforages et droits de justice qui constituaient cet accroissement de fief. Les documents sont publiés, on peut donc s'y reporter pour plus ample information. (1)

II. Un fief d'origine non moins ancienne était le moulin du Wetz Damain, dépendant d'un manoir situé au fond de la place, à l'angle gauche, sur l'abreuvoir ainsi nommé (2).

Vadus domine Emme (3) donna par transformation littérale et correcte : « *Wez dame Emmain* », devenu dans la rapidité de la prononciation « Wez Damain », comme « Damaroie » pour « Dame Maroie » (4). Rien de plus naturel ; l'apostrophe seule a tout gâté.

Les scribes, d'ailleurs, n'attendirent pas l'exemple des

(1) *Invent. chron. des chartes de la Ville*, 2ᵉ partie, Doc. xlii, 1273 janv. et Doc. cxxiii, 1373, avril.

(2) Guiman a mentionné un *vadus* sur le Crinchon, qui semble à première vue celui de l'Estrée : *domus Emme super vadum Crientionis* (p. 226). Malgré les apparences, il résulte des concordances topographiques que cet autre « wez Damain » doit être placé au pont « del Sauch », anciennement « pont Levon, » « *pons Levonis* », à l'extrémité de la rue des Teinturiers.

(3) La superfétation du XIIIᵉ s. *domine Emane* procède du français.

(4) « Pour la terre de Damaroie Bodarde à Prolelville » Avril 1271. Godefroy, *Inv. des Ch. d'Artois*. — « Item, dame Maroie Bodarde xiiii menc. de terre ». — Arch. dép. Fonds de S. V. *Ostension des possessions de S. V.*

plaques officielles pour estropier nos rues: ils écrivaient
« Dame Main », « Dame Esmain », « l'Eau d'Amain », le
« Wez des Dames en Main ».

Un procès-verbal original de 1375 donne à cet abreuvoir son vrai nom français, en constatant que « le sergent du
pooir de l'Estrée, qui est des termes de ladite loy, vit et
trouva un charreton qui menoit ses chevaux abuvrer oudit
gué Damain, qui est dudit pouoir de l'Estrée.... » (1).

Mais le dialecte artésien préférait « wez » à « gué », et je
crois bien qu'il le préfère encore ; car, malgré l'opinion qui
rattache notre rustique « *chuet* » à « escheu, esseu », il me
paraît certain que ce mot est tout simplement « *ch'wez* —
ce gué », venant de *vadus*, tandis que « esseu » vient d'*aqua*
par *exaquare* « esseuer » : ils n'ont donc rien de commun,
ni pour le sens, ni pour la forme (2).

Cette dame Emme, Emmain au cas objectif (3), c'était
Emma Crispine de Strata. Son nom est inscrit en première
ligne dans le plus ancien obituaire de la cathédrale, au
17 avril (4).

Le même document nous donne, aux obits du 30 octobre,

----

(1) Arch. comm. Assignation en parlement 19 nov. 1375. Orig.

(2) L. Ricouart. *Etudes pour l'interprét. des noms de lieu du Pas-de-Calais. Arrond. d'Arras*, Anzin 1891, in-4º, page 83.

    (3) Atant estes vous, dame Emmain.

      Feme Renart.

          Méon, *Le Roman du Renart*, iv, p. 218, v. 2,395.

A Catillon, un cartulaire de l'église de Cambrai mentionne, en
1275 «, Le rue dame Enmain ». — Arch. du Nord. *Cartul.* coté 3,
fº 303.

On rencontre fréquemment dans les titres artésiens du XIIIº siècle des Sarain, Odain, Marotain, Saintain, Perotain, Jehanain, Mar-
gueritain, Onestacien, Marien :

    Il prengnent Marien le Jaie.

        Le Jeu de la Feuillée, v 500.

(4) Bibl. d'Arras, Ms. 740.

Oda Crespine de Strata : elle était mère de Jean Crespin, chanoine d'Arras, mentionné ci-dessus en 1181, et plus tard en 1208 et 1213 (1).

Le polyptique de Guiman relève en 1170 la maison d'un Jean Crespin, rue St-Maurice, près de l'église (2). Baude Crespin est cité, en 1164, dans un titre de l'abbaye d'Anchin, relatif au prieuré de Saint-George (3).

Au XIIIe siècle, les Crespinois deviennent légion, on les rencontre partout, dans le clergé, les armes, le négoce, surtout dans la banque. Les uns habitent la ville et entrent à l'échevinage, les autres sont bourgeois de Cité et justiciers de la rue des Maus. Cependant tous paraissent avoir eu l'Estrée pour berceau : là est le manoir de famille, le moulin qu'ils tiennent du château d'Arras, l'héritage féodal de leur aïeule, dame Emmain.

L'âpreté au gain, l'avarice, la fourberie de ces gros manieurs d'argent, les avaient rendus impopulaires, ceux-là surtout, qui se trouvaient mêlés aux embarras financiers de la commune. On les chansonnait, on les turlupinait, on les livrait à la risée publique :

> Cil de l'Estrée
> Ont honni leur contrée....
> Frekins Crespin
> Li maisnés fist couronne sans orpin (4)

Frekin, c'est Ermenfroi, le père de ce Jacques Crespin qui prit le moulin de l'Estrée en 1269 (5) Il est la tige des Frekinois :

> Se je nome les Frekinois
> Ce seroit vilenie.... (6)

(1) Bibl. nat. Ms. latin, 9930. *Cartul. du chapitre d'Arras*, n°s 101 et 132, f°s 64, v° et 72 v°.

(2) Guiman, *Cartul.* p. 225.

(3) Arch. du Nord, *Anchin*, orig.

(4) Bibl. nat. Ms. Fr. 12615, f° 204.

(5) Godefroy, *Inv. chron. aes ch. d'Artois*, 1269 juin.
    Cf. *Inv. som. Trésor des Ch. d'Artois* p. 30, col. 1.

(6) A. Jubinal, *Nouv. recueil de Contes et Fabliaux* (1839), p. 376.

On connaît les Ermenfrois du *Jeu de la Feuillée*, dont la maladie est diagnostiquée à distance par le facétieux empirique de la pièce :

LI FISISCIENS

> C'est un maus c'on claime avarice.....
> Aussi vi jou deus Ermenfrois,
> L'un de Paris, l'autre Crespin,
> Qui ne font fors traire à leur fin
> De ceste cruel maladie,
> Et leur enfant et leur lignie. (1)

Et Jean Crespin le clerc, dont tout le savoir est dans sa bourse, et toute la pensée à son « aubenaille »,

> Car moult ert dolans s'on le taille (2).

Dans une autre satire, où, par parenthèse, Aug. Scheler, croyant enrichir d'un trouvère nouveau l'histoire littéraire de la Belgique, prend pour l'auteur de la pièce un des acteurs qu'elle met en scène, on choisit les Crespins pour exploiter un moulin à vent spécial :

> On dist k'en païs n'en contrée
> N'a tant de vent com en l'Estrée ;
> Blankes gens i doivent manoir,
> Li rente leur vient d'oir en oir.
> Loiautés lor est si amère,
> Tres çou k'il furent né de mère,
> Ens en leur cors n'en entra point.
> Cil tenront le molin à point ;
> *Ermenfrois* sera li mausniers
> Et sire *Bauduins* asniers :
> Çou est droiture de molin,
> Manoir i doivent bauduin (3).

Le moulin à vent symbolise ici la conscience et la loyauté des meuniers du moulin à eau, ces coquins fieffés, les sycophantes de l'Estrée !

---

(1) Vers 202 et 217.
(2) Vers 479.
(3) Aug. Scheler, *Trouvères belges*, nouv. série n°13.—Louvain, 1879.

Jacques Crespin desservait encore le fief, lorsqu'un beau jour, les eaux emportant le barrage, le Crinchon tout entier prit son cours par le fossé de la ville, laissant à sec le moulin du Wez Damain.

Guiman nous a expliqué le système d'écluse qui, partageant la rivière en deux, maintenait à la bifurcation le niveau du courant de la ville, tandis que l'autre contournait le rempart. C'était un simple bâtardeau, *trabes usque ad fundum aque impacta*. (1) Le bois pourrissait vite, et puis l'eau de Basseux avait sans doute couru trop fort ce jour-là. (2)

Toujours est-il que l'accident était des plus faciles à réparer. Mais à qui appartenait le droit de rétablir « le soel dou livel de l'iauve » ? Grave question contentieuse de propriété fluviale ! Aux échevins, disaient les gens du comte ; à Saint-Vaast, prétendaient les moines. (3)

Impossible de s'entendre ; on alla en parlement — pour une planche. L'affaire suivit son cours, le Crinchon aussi. Pendant ce temps-là, le moulin « jocquait », le censier se croisait les bras, et le maître farinier maugréait de ne plus encaisser ses prestations hebdomadaires. (4)

---

(1) Guiman, *Cartul.* p. 229.

(2) Sur cet accroissement périodique de force motrice, voir note 4.

(3) « *Che sunt les bezoignes d'Arras.* — Item dou soel dou livel de l'iauve ki vait en tour les murs d'Arras, qui par le force des yauves estoit rons, si ke Jakemes Crespin empierdoit I molin ke il tenoit de mon seigneur le conte, ke li eschevin d'Arras faisoient refaire, si ke à eus apartenoit et dont il estoient en boine saisine ». (1286). — Bibl. nat. *Colbert, Flandres,* 187.

(4) Un dénombrement du moulin du Wez Damain, servi le 2 avril 1345 par « Gilles de Courchelles, fiex de feu Andrieu de Courchelles », nous apprend qu'il y percevait huit solz par semaine en temps ordinaire.

« Et quant une yawe keurt que on nomme Basseux, on en rend

Nous ne savons ni quand, ni comment se termina le procès.

A la fin du siècle, les Crespinois, de plus en plus banquiers, avaient amassé de grosses sommes : les comtes, les villes et les seigneurs formaient leur clientèle. La famille possédait en outre des fiefs importants et nombreux. Elle comptait des chevaliers dont un banneret (1), un « valet du Roi » (2), des

chincq sols plus chascune sepmaine, liquels Basseux keurt de trois ans en trois ans et plus souvent à le fois ».

Le manoir du moulin devait cinq sous par semaine aux héritiers de feu Jacques Crespin, vingt-six deniers à la Pauvreté de la Ville et un mencaud d'avoine par an à Flament de Chanle. — Bibl. d'Arras, Ms. 333, p. 100.

(1) J.-M. Richard, *Inv. somm. Trés. d'Artois*, I, p. 172.

(2) Ce personnage est cité dans le *Nécrologe de l'abb. de St-Vaast* de Maur Lefebvre, édité au nom de l'Académie d'Arras par M. le Chanoine Van Drival — 1878. L'Introduction nous apprend, page x, que CLAUDIUS CRESPIN D'ACCABLI « était un homme fort distingué. »

Son prénom CLAUDIUS, en effet, n'a rien de banal, je doute même qu'Arras en fournisse un autre exemple à cette époque ; quant au toponyme D'ACCABLI, il défie certainement toute comparaison, comme toute identification géographique.

Ces singularités auraient dû, à ce qu'il semble, éveiller les soupçons de l'éditeur ; et, puisque son texte (p. 36) s'autorisait d'une épitaphe, rien ne lui était plus facile que d'en contrôler l'exactitude dans les recueils de Dom Le Pez et de Simon Le Fèvre : il y aurait trouvé la source de la notice et constaté l'erreur.

On lit dans ce dernier Ms. (Bib. d'Arras n° 328, f° 120 r°): « *Cy gist sires* BAUDES CRESPIN D'ARRAS *ki fu moisne de St-Vaast...* etc. »

Simon Le Fèvre a une mauvaise écriture ; l'auteur du *Nécrologe* a lu CLAUDIUS où il y a BAUDES, et, fondant en un seul mot d'ARRAS *ki*, il en a fait D'ACCABLI.

Les Archives de St-Omer possèdent deux quittances de ce « Baudes Crespins d'Arras vallés le Roi », du 6 juillet 1320 et du 13 juillet 1311.

En parlant du *Nécrologe*, il n'est pas inutile de mettre le public en

alliances dans la vieille noblesse de Flandre (1): ils étaient arrivés.

Leur nom générique, assez équivoque d'ailleurs (2), va faire place insensiblement à ceux de leurs seigneuries particulières: ils deviennent des sires de Hestrus, de Harmaville, de La Lacque, des barons de la Brayelle, ce dernier titre porté par

garde contre les exagérations de l'éditeur. L'œuvre de Maur Lefebvre n'est qu'un laborieux dénombrement chronologique et biographique des moines de St-Vaast dressé par l'auteur d'après les documents dont il avait la garde : titres, mémoriaux, comptes, chroniques et épitaphiers.

Quel que soit le mérite de ce dépouillement, une reconstitution du XVIIIᵉ siècle ne saurait prétendre à l'autorité d'une œuvre originale que les moines se seraient transmise d'un siècle à l'autre, en la tenant à jour comme un « Livre de Famille de la communauté » (p. xvi).

J'ajoute qu'il faut avoir perdu toute notion des proportions et de la mesure pour oser écrire en tête d'une publication aussi secondaire : « Je ne crois pas qu'il y ait encore rien de semblable dans la longue collection des documents inédits pour servir à l'Histoire de France »

(1) F. Brassart, *Généalogie de la maison de Wavrin* (1877), p. 30.

(2) Il rappelait les crêpes, une pâtisserie de ce temps-là ; et, si je ne me trompe, ce seraient des *crespes*, *crespets* ou *crespinets* qu'on voit, en forme de cœurs, comme armes parlantes, sur l'écusson de leurs premiers sceaux. Ce meuble insolite a rendu perplexe l'habile et regretté sigillographe Demay. — V. Sc. d'Artois, nº 1134 et autres, et ma note aux *Additions et corrections*.

Bien que cette forme des *crespes*, *bugnes* et *roissoles* ne fût pas alors spéciale à Arras, il n'en serait pas moins curieux d'y retrouver un souvenir aussi lointain de ses *cœurs* de pain d'épice.

Les Archives provinciales de Gand possèdent une quittance de Robert et Baude Crespin, frères, du 3 mars 1294 n. st. scellée de leurs sceaux. Les empreintes en sont très nettes. On retrouve dans celui de Baude, la *fasce accompagnée de six cœurs* avec brisure d'un *bâton brochant* (et non une *bande*), ce qui permet de rectifier et de compléter le blason reproduit par le *Nécrologe de St-Vaast*. Pl. I, 5, d'après l'épitaphier de Simón Le Fèvre.

les descendants de messire Robert, appelé vulgairement
Kake-trois-points (1).

A cette époque, ils cédèrent le manoir aux Courcelles, non
sans s'y réserver, naturellement, une grosse rente à la petite
semaine (2). André de Courcelles porte un nom connu dans
l'administration financière du second Robert d'Artois. Il
mourut en 1336, laissant cette part du patrimoine à son fils
Jean, lequel rétrocéda ses droits à Gilot son frère (3).

III. Vers 1352, le comte de Sancerre s'étant plaint d'un préjudice causé naguère à son ascendant par la comtesse Mahaut
obtint en compensation la mouvance du fief de l'Estrée.
Gilot de Courcelles lui en fit hommage cette année même (4).

Ce changement féodal eut pour conséquence d'amener
dans l'Estrée le siège d'une autre seigneurie.

Le nouveau feudataire était neveu de la dame de Beau-
metz et de Boubers, et l'on sait que, depuis son alliance
avec les Wavrin, cette grande famille tenait du château
d'Arras les diverses branches du gavène (5).

Or l'une d'elles appartenait au comte de Sancerre ; il la
réunit à son fief de l'Estrée, qu'il prit pour chef-lieu. C'est

(1) Bibl. d'Arras, Ms. 333, Le Pez. *Extraits du Cartul.* B. —
Arch. du Nord, Recette d'Artois, coté A, 401. — Arch. comm.
d'Arras. *Cartul.* papier n° 40 — *Ibid.* Ch. orig. 1353. — Arch. du
Pas-de-Calais, *Invent. somm. Très. d'Artois*, I, 170 et 367.

(2) V. ci-dessus, p. 243. Notes, lignes 3.

(3) J.-M. Richard, *Inv. somm. du Trésor d'Artois*, II, p. 19.

(4) Bibl. d'Arras, Ms. 333, Le Pez, *Ibid.*

(5) Ce mot sous ses diverses formes *gave, gaule, gavène*, latin
gablum, gabulum, d'origine germanique au sens d'impôt, était, en ce
qui concerne Arras, une redevance en avoine, poules et mailles dues
par certaines terres de St-Vaast et de l'Eglise, comme rachat, si l'on
en croit Guiman, des anciens *conrodia* ou réquisitions militaires. Le
tarif du XII° siècle taxe chaque courtil à deux mencauds d'avoine pour
les chevaux du comte, un denier maille pour l'équipage de chasse, un
pain pour les chiens, une poule pour les faucons. — V. Guiman,
Cartul. pp. 45-46.

donc au manoir du moulin que son lieutenant tiendra désormais la cour du *gavène* et convoquera les hommes obligés au service de ses plaids (1).

Au premier rang, nous trouvons André de Courcelles, échevin d'Arras en 1369 ; il avait hérité de la maison paternelle et l'occupait encore en 1385.

A partir de cette réunion, le manoir de l'Estrée suit la fortune du fief principal. Marguerite, comtesse de Sancerre la transporte avec le gaule aux dauphins d'Auvergne par son mariage avec Béraut II, comte de Clermont.

Confisqué pour défaut de foi et hommage à l'avènement de Philippe-le-Bon, il fut donné par lui à la comtesse sa femme (1421) (3). Vendu ensuite judiciairement à Guillaume Sanguin (1425), il resta un siècle entre les mains de ses descendants, seigneurs de Maffiers et de Meudon, qui le cédèrent à l'abbaye de St-Vaast en 1529 (4).

Au XVIIIe siècle, les religieux du Mont-St-Eloy achetèrent le chef-lieu du gaule et l'incorporèrent à leur refuge. Dans toutes ces vicissitudes le moulin avait disparu depuis longtemps.

Les anciens plans indiquent l'emplacement de ce fief sous la rubrique : *Maison ou chef-lieu du Gaule de Sanssoire*.

IV. Le refuge du Mont-St-Eloy avait son entrée sur le même rang, à l'angle opposé ; c'était le siège de la seigneurie de l'Estrée, l'ancien hôtel de Chaulnes.

(1) Voir un jugement rendu dans cette cour « ou molin du Wes dame Esmain en Arras » par les hommes de fief du gaule, à la conjure de Pierre Froissart, lieutenant du bailli du comte de Sancerre, au sujet des terres de St-Vaast à Ste-Catherine, près des « cressonnières du ponchelet Merlin, desoubx la porte de le forteresce dudit Baudimont », le 22 octobre 1385. — Arch. dép. F. *St-Vaast*. Orig.

(2) Arch. du Nord, *Reg. des Chartes* de 1417, f° 120, v°. (27 mai 1421).

(3) *Ibid.* Recette d'Arras, 1424-1425.

(4) *Ibid. Reg. des Chartes*, xxi° f° 136.

Quelle en fut l'origine, d'où lui venait ce nom ?

On a vu plus haut qu'en 1194, Philippe-Auguste avait mandé à ses baillis d'Arras, *bajulis Atrebati*, de mettre l'évêque en possession de Vitry. On ne sait quels étaient alors les officiers compris sous cette désignation collective et anonyme (1).

C'est seulement dans un acte de février 1200, v. st. que nous avons trouvé, pour la première fois, le nom d'un bailli d'Arras : *Nevelo, marescallus domini regis, baillivus Attrebatensis.*

Les listes publiées de nos jours ne le nomment pas ; il semble pourtant que son titre de maréchal de France et la vice-royauté qu'il exerça dans l'Artois pendant vingt ans lui méritaient bien cet honneur (2).

Car c'étaient des personnages d'importance, nos grands baillis royaux du XIIIᵉ siècle ; ils devancent les lieutenants de Louis XI et les intendants de Louis XIV. Comme eux, Névelon a laissé le souvenir d'un vigoureux champion de l'autorité royale, et la noblesse flamingante d'Artois aurait en lui trouvé son maître (3).

Il eut de Marie, sa première femme, plusieurs enfants, parmi lesquels Névelon de Chanle, Renaud de Chanle, Jean de Chanle, etc.

Chanle, c'est Chaulnes dans le Santerre, en Picardie. Le bailli d'Arras y possédait des propriétés, et, selon toute

(1) Par acte de 1209 « *Manasse Calderons dominus de Sauti* », notifie l'abandon fait à l'abbaye d'Anchin de la dîme de Beugniâtre *coram paribus suis, Adam etiam de Perona et Gerardo domini regis* servientibus et ballivis de Bapaumes *ibidem astantibus* » Arch. du Nord, *Anchin*, Orig.

(2) « Ipse enim Nevelo, qui vices domini regis in partibus nostris generaliter obtinebat, ipsam elemosinam ex parte domini regis in nostra presentia approbavit ». — Bibl. d'Arras, Ms 672, fᵒ 123 vᵒ. Charte de Pierre, évêque d'Arras, de l'an 1202.

(3) Voir plus loin mes *Notes sur les baillis*.

vraisemblance, la seigneurie appartenait à sa famille, bien qu'il semble n'en pas avoir pris le nom, mais plutôt celui de Lihon, également dans le Santerre (1).

Son fils Névelon épousa, en 1209, Lucie, fille de Gérard, sieur d'Equancourt ; elle lui apportait en dot tout ce que son père possédait à Chaulnes. De son côté, le bailli d'Arras donnait à son fils la nue-propriété de ses biens situés au même lieu (2).

« Nevelos de Canle, li fils au bailliu d'Arras » (3), était au nombre des chevaliers que Blanche de Castille envoya à Calais au secours du prince Louis, appelé par les barons à la conquête du trône d'Angleterre. Il fut pris sur le navire du fameux Eustache le Moine, au combat naval des Cinq-Iles, où le pirate boulonnais eut la tête tranchée (24 août 1217) (4).

---

(1) Ces premiers renseignements, tirés des archives d'Artois, sur Névelon et sa famille, demanderaient à être vérifiés et complétés dans celles de Picardie. Tels quels, ils peuvent mettre sur la voie de recherches à faire pour reconstituer la personnalité du maréchal de Philippe-Auguste, c'est pourquoi nous les donnons dès à présent.

(2) L. Delisle, *Catal. des actes de Ph.-Aug.* n° 1112, p. 258. — V. D. Martène, *Ampl. Collect.* 1, 1078.

(3) F. Michel, *Hist. des ducs de Normandie*, pp 201, 202.

(4) Voir l'introduction et les notes du *Roman d'Eustache le Moine*, Londres, 1834. — M. Fr. Michel, qui a publié cette œuvre anonyme de quelque jongleur boulonnais ou artésien, en attribue la paternité à Adam ou Adenès le Roi. Il se fonde sur ces vers :

> Es isles en l'autre partie
> Le roy Loey fist passer
> A grant navie outre la mer ;
> Si conquist la nef de Bouloigne
> Pour son cors et pour sa personne.
> *Od lui mena le roi Adan,*
> Ses nès perdi li rois cel an.

La faute de lecture saute aux yeux ; il fallait écrire :

> *Od lui mena le roi à dan*

c'est-à-dire, « à perte, *ad damnum* », puisque, par la trahison

Vingt ans après, nous retrouvons ce même Névelon qualifié *dominus de Chanle* (1) : il en tenait du roi la forteresse,
avec des fiefs à Péronne, Brai, Capi, e'c., et trente-cinq
livres sur le domaine d'Arras, inscrites par le receveur au
nom de Nevelo de Atrebato (2).

Un autre fils du maréchal, Renaud, mourut chevalier (3),
laissant une fille Marie, qui épousa, en 1242, le fils aîné
d'Adam de Milly, notre second bailli d'Artois (4).

Un troisième fils de Névelon, Jean de Chanle, eut en
partage la seigneurie de Vaulx-en-Artois, que son père avait
achetée en 1219 (5). Il brisait d'un *bâton brochant* les armes
de la famille : *d'or à trois lions rampants de sable 2 et 1* (6).

Il est la tige de ces seigneurs de Vaulx dont un descen-
dant, Jean de Vaulx, vendra la seigneurie aux Longueval,
le 16 mai 1444.

Un quatrième fils, Jean, *Johannes Nevelonis*, fut chanoine
de l'église N.-D. dont il devint prévôt. Il mourut archidiacre

---

d'Eustache, le (futur) roi Louis avait perdu sa flotte. L'attribution n'est
donc pas fondée. — Cf. A. Dinaux, *Les Trouvères artésiens*, p. 172.

(1) *Ego Nevelo, miles, dominus de Chanle*, vente à l'église Sainte-
Marie de Biarch-lez-Péronne — Mai 1237. — Bibl. nat. *Moreau*,
Chartes V. 153, f° 46. et V. 191, f° 108 (avril 1267).

(2) *Rec. des Histor. de la Fr.* XXII, p. 649. — *Ibid.*, p. 568.

(3) XVI KAL. NOV. — *Obitus Nevelonis baillivi Attrebatensis, et
Marie uxoris ejus, et Renaldi filii eorum, militis, pro quibus Johannes
Nevelonis, concanonicus noster, dedit nobis XV sol. annuatim qui
accipiuntur super hospites de Boella.* — Bibl. d'Arras, Ms. 740.

(4) Godefroy. *Inv. chou. des ch. d'Artois*, 30 sept. 1242.

(5) *Ibid.* 1219, orig.

(6) Arch. du Nord. *St Sépulcre* 1240 avril. Orig. « Ego Johannes
de Chanle, miles, dominus de Vaus, » 1248 mai. *Ibid. Anchin,* Orig.
sceau équestre. V. Demay, Flandre n° 701. — « Johannes de Chanle
et dominus de Vallibus, miles ». Août 1247. Bib. nat. *Moreau*, Chartes,
V. 167 f° 242.

Cf. le sceau d'un autre Jean de Chanle, avec brisure d'un lambel
à cinq pendants, au bas d'une charte de 1252. Bib. nat. *Ibid.* V.
175, f° 170.

d'Arras, promotion inconnue à notre histoire ecclésiastique, ainsi que l'origine du prévôt (1). Il vivait encore en 1263.

Notons aussi Wibert, alias Ybert de Chanle, chevalier, intervenant, en 1217, comme feudataire de l'acheteur, à 'acte de vente par lequel Rasse de Gavre, pour payer la rançon de deux de ses fils prisonniers du roi, abandonne à l'évêque tout ce qu'il possède sous sa juridiction, tant à Arras qu'à Marœuil et ailleurs, sauf dans l'Estrée, *præterquam in Strata Attrebatensi — omnia videlicet que ad me per advoeriam pertinebant* (2).

Même intervention, en 1228, à la vente que fait à l'évêque Bauduin de Cuincy, seigneur de Hénin, de tout ce qu'il tenait de l'évêque à Vitry (3).

C'est donc à sa possession par la famille du bailli d'Arras que la seigneurie de l'Estrée dut son nom de « pouvoir de Chaulnes ». Mais à quelle date et au profit de qui fut-elle d'abord constituée en fief, c'est là une question que les documents laissent sans réponse.

On remarquera cependant que les deux Névelon, le père et le fils, s'y trouvent surnommés *de Atrebato*, comme nos châtelains d'Arras, bien qu'ils n'appartiennent certainement pas à la même famille (4).

(1) DEC. III° KAL. *Obitus venerabilis Johannis Nevelonis, archidiaconi Attrebatensis* — Bibl. d'Arras, Ms. 740.

Le génitif patronymique *Johannes Nevelonis* est, pour M. l'abbé Fanien, une qualification nobiliaire : De Névelon ! — Je relève cette étrange théorie parce qu'on en voit des applications ailleurs — Fanien, *Hist. du Chap.* p. 173.

(2) Bib. nat. *Moreau*, Chartes. V. 122, f° 119. Le sceau de Rasse de Gavre a pour armes un *semé de fleurs de lys*. Son fils aîné porte *trois lions rampants* 2 et 1.

(3) *Ibid*, V. 140, p. 198.

(4) On s'y est trompé. C'est par suite de cette confusion que les Spencer d'Angleterre, qui se rattachent à Névelon, se disent issus des châtelains d'Arras, ce qui n'est pas.

Avant eux, Sauwalon Huquedieu et son fils Vaast étaient désignés de même. N'y a-t-il là qu'une simple indication de domicile et de provenance, ou faut-il y voir l'indice d'une seigneurie, transmise de l'*officialis* du comte au bailli du roi, celle de l'Estrée ?

Nous ne pouvons que poser le problème.

Ce qu'il y a de certain, c'est que le pouvoir de l'Estrée appartenait à Jean de Chanle, chevalier, mort avant 1275 (1), que ses enfants y possédèrent le tonlieu indivisément (2) et que la seigneurie tomba en quenouille, comme il résulte d'un dénombrement servi au comte d'Artois vers 1290 :

« Ch'est chou que Hues Maaille tient de mon signeur d'Artois par demisele de Canle se feme ; ch'est assavoir, se maison de l'Estrée ; et le four de l'Estrée.; et xxvi sols ; et xvi capons et demi ; et xxiii mencaus d'avoine de rente par an à prendre en l'Estrée ; et l'aforaige de l'Estrée, xiii pintes au tounel quant on i vent ; et le justiche de l'Estrée, de clains, de respeus et de prisonnage ; et le moitié de l'estalage ; et ii tavles au cange ; et le tonliu de l'Estrée que sains Vaas me débat : et de tout chou sui ge homs a mon signeur d'Artois tous liges (3). »

On voit, en 1266, *Hugo dictus Maaille de Bappalmis et*

· (1) 1275 juin. Arrentement par les frères de l'hôpital St-Jean d'une maison en l'Estrée « entre le mès Jehan de Chanle, chevalier ki fu, ki leur fu donée par Me Jakemon Trauelouche. » — Arch. de l'hôp. Chirog. orig.

(2) « *Che sunt les besoignes d'Arras :* L'en a plait contre St-Vaast.... dou tonlieu de l'Estrée u cil de Saint-Vaast dient que le père mon signeur les accompaigna par le composicion, lequel tonlieu Jehans de Sarris tient par le raison des enfans Jehan de Chanle, et dist cil Jehans k'il en est en l'ommage mon signeur d'Artois.» Vers 1286. — Bibl. nat. *Colbert* Fl., 187.

(3) Arch. du Nord, *Deuxième Cart. d'Artois.*

Compte de l'hôpital 1309-1310. « xxii capons, des ques li demisièle de Chanle a eu iiii capons c'on li doit de rente cascun an » — J.-M. Richard, *Inv. somm. Trés. d'Artois,* ii, 166.

Maria uxor ejus prendre à cens des terres de l'abbaye d'Eaucourt à Beugniâtre (1).

Gilles Maille, dit « Flamens de Caule », hérita de l'Estrée, dont il est qualifié seigneur en 1331. Il mourut en 1352.

Quelques années plus tard, avant 1363, *Chanlois* de Chanle (2), chevalier, donnait le fief à son neveu, Tassart de Boulogne, bourgeois d'Arras (3).

Nous ignorons à quel titre Guillaume du Savoir l'occupait en 1382 (4), et comment il était venu aux mains de Jean de Helleville, qui le laissa, en 1395, à son fils Mᵉ Mathieu de Helleville, bachelier en théologie (5).

De ce dernier, nous avons retrouvé le testament aux Archives du Nord, à la date de 1431 ; il était alors chancelier de Noyon et chanoine de Cambrai, Noyon, Chartres, Amiens et Bayeux. Il se qualifiait en outre *litterarum apostolicarum abbreviator et scriptor*.

Dans son testament, on remarque un legs de douze écus en faveur d'un de ses collègues du chapitre d'Arras, régisseur de son « pouvoir » de l'Estrée (6) : c'était le chanoine

(1) Bibl. nat. *Moreau*, Chartes, v. 190, fᵒ 122.

V. *Sigill. d'Arras*, les sceaux de Hugues *Maille*, deux blasons, dont l'un avec armes parlantes.

(2) *Chanlois* de Chanle, c'est le même nom sous une forme adjective populaire en Artois. Ex. : Pierre de Herzelle, *Serlois*; Jehan le Bel et aussi Jehan de Belle et Berle *Belois*, *Bellois* et *Berlois* ; Jehan de la Barre, *Barrois*; Jehan de Cotes, *Cotois*; Gilles de Bins, *Binchois*; Jehan de la Porte, *Portois* ; Jehan le Feutre, *Feutrois* ; Jehan du Bruile, *Brutois*; etc., etc. Les noms de famille artésiens de même physionomie ont tous une origine analogue.

(3) J.-M. Richard, *Inv. somm. Trés. d'Artois*, ii, p. 74 et Bibl. d'Arras, Ms 333, p. 138

(4) *Mém. de l'Acad.* xxxviii, p. 466

(5) Arch. du Nord, *Reliefs d'Artois*, 1392 et 1395, fᵒ 16.

(6) Ibid. *Eglise de Cambrai*, Testam. nᵒ 4.

Item domino Nicasio le Vasseur, canonico Atrebatensi, qui regit posse meum de Attrebato ... lego duodecim scuta. — Déc. 1431.

Nicaise Le Vasseur, un bienfaiteur de la cathédrale, d'après le père Ignace (1), mais un malfaiteur de l'Eglise, au dire de son compatriote et proche voisin Jacques Du Clercq (2).

Mathieu mourut le 30 juin 1433.

Le fief fut alors relevé par divers, notamment par « Tassart le Tonnelier dit de Herleville, » (3) qui fit acte de propriétaire en instituant un nouveau sergent de la seigneurie, le 8 août 1433 (4). Ses compétiteurs, du nom de Le Tonnelier, renoncèrent à leurs prétentions par acte du 14 février 1434 (5).

L'année suivante, au 15 octobre, la sergentise passa dans d'autres mains : l'abbaye du Mont-St-Eloi venait d'acquérir le « pouvoir » de Chaulnes (6).

Elle le conservera jusqu'à la révolution.

Avant de quitter l'Estrée, nous croyons utile de donner ici, en l'abrégeant, le premier dénombrement servi par l'abbé au duc de Bourgogne le 30 mai 1436. Il ajoute à celui de 1290, certaines notions complémentaires qui peuvent avoir leur intérêt.

« C'est le rapport et dénombrement que font et baillent les religieux, abbé et couvent de l'église du Mont-St-Eloy.... »

» Item, tiennent ancoires en admortissement de luy, à la

(1) Bib. d'Arras, *Addit. aux Mémoires*, II, p. 108.

(2) J. Du Clercq, *Mémoires*, liv. III, ch. XLIII. Ed. Reiffenberg, t. II, p. 343.

(3) Arch. du Nord, *Recette d'Arras*, cote A, 195, fº XVII, vº.

(4) Arch. comm. *Mémor.* VII, fº 71, rº.

(5) Arch. du Nord, *Cathéd. de Cambrai*, Orig. Notre dernier maire de la dynastie des Simon Faverel avait épousé Marie de Helleville (*Alias* Herleville), qui lui survivait en 1416.

(6) Ibid. Ch. des Comptes. – Quittance du 8 nov. 1434.

L'imagination des écrivains a vu dans l'hôtel de Chaulnes une ancienne forteresse ; on ne trouve rien qui autorise cette supposition pour l'époque antérieure au refuge construit à sa place par les nouveaux propriétaires.

cause dicte, ung fief et noble ténement situé en la ville d'Arras au lieu que on dist l'Estrée, nommé le fief de Chanle, par soixante solz de redevance annuelle chascun an, au jour et terme de Noël, soixante solz de relief au renouvellement d'abbé, vingt solz de cambrelage, et service de plais en son chastel d'Arras, de xve en xve, quant ilz y sont souffissamment adjournez.

Lequel fief se comprend en ung manoir de présent non amasé.....(1).

Item, ont lesdis religieux, ad cause dudit fief, justice et seigneurie viscontière et en dessoubx, bailli ou garde de justice, et ung sergent qu'ilz présentent aux eschevins d'Arras et qui leur fait serement de garder les drois de la ville, et aussy fait les arrestz qui eschient à faire oudit fief.

Lequel fief se comprend et extend depuis les mur Je ladicte ville, au lez devers la rivière, jusques u fer du molin du wez Dame Emain, en alant dudit lez, à d e lingne, à ung soellet estans dedens une maison appartenai. à Jehan Panier..... et de la dite maison par tout le reng où elle est scituée jusques à la porte de Chité, et par tout l'autre reng auprez de la dite porte jusque aus diz murs, en retournant du long d'iceulx jusques au coing dudit manoir non amasé au lez devers la dite rivière, et aussy avant que à droite lingne audit wez, en alant dudit fer de molin à ladite petite maison ».

« Item, qu'ils ont ancoires en tout le dit fief les drois de bargaigne, qui sont, de chascune quarette, broutée, bottes ou fais de ramons que l'on y vent, ung ramon, et de tous ceulx qui y vendent pain à estal, ung denier ou ung pain de denier chascune sepmaine.

Drois de forages telz que de chascun tonnel, queue, mulot, ponchon ou aultre vaissel de vins, briefmars, cervoises ou

(1) Vient ici le détail des rentes dues à la seigneurie par les diverses maisons de l'Estrée, environ 32 mencauds d'avoine dont deux sont reçus par le « maieur d'Arras ad cause de sa mairie », plus 14 chapons et 3 liv. 12 s.

aultrez beuvrages que l'on y vent à broque et détail, deux los de chascun fons, sur quoy mondit seigneur prend, ad cause de sa mairie de ladite ville d'Arras, de seize pintes les trois.

Avec ont amendes de soixante solz et en dessoubx, esquelles mondit seigneur a et prend la moitié à le cause dite.

Item, nulz ne pœut ne doit faire en la dite rue de l'Estrée estal, bretesque, saillie, puye, bouches de celiers, larmiers ne bouture sur le dite rue, ne four en se maison, sans licence ou congié desdis relligieux, sur amende de LX s. à appliquier moitié à mondit seigneur el l'aultre à iceulx religieux

« Item, des maisons que on vend en ladite rue, ou qui se transportent de main en aultre par succession ou aultrement, lesdis religieux doibvent avoir XVI deniers d'entrée et XVI deniers d'issue, et autretant au relief.

Item, se aulcunes personnes sont es prisons desdis religieux pour debte congnute, ilz doivent ausdis religieux noef solz parisis ; et pour debte niée trois solz, et les doibvent garder en leurs dites prisons à leurs périlz, sauf que, pour chascun jour qu'ils seront es dites prisons, ilz leur deveront payer XII d. de chepaige ; et, se ilz prendent Belle Garde, ilz leur deveront payer chinq solz parisis pour chascun jour.

Et tout ce que dessus est dit advouent lesdits religieux tenir de leur dit tres grand et tres redoubté seigneur monseigneur le duc de Bourgongne à le cause dite.

Et, en approbation des choses dessus dites, les dessus dits religieux ont scellé de leurs propres seaulx cest présent dénombrement, qui fut fait et escript le pénultisme jour de may, l'an de grâce mil quatre cens et trente six (1).

(1) Arch. du Nord, *Livre de J. Mansel* f° 71 — Cf Arch. du Pas-de-Calais. *Cons. d'Artois* B. 71. Orig. parch. sceaux enlevés.

CHARTE DE L'ESTRÉE

(1177)

Ad sopiendas contentiones que emergere solent super contractibus
vel compositionibus que fieri solent inter aliquos, propter hominum
labilem memoriam, veterum auctoritas scriptis committere decrevit
illa que memoriter teneri et ad noticiam futurorum venire voluit.
Unde est quod ego Frumaldus, dei gratia Atrebatensis episcopus, et
Philippus, Flandrensis et Viromandensis comes, cyrographum istud
fieri et sigillis nostris corroborari voluimus, de compositione facta
inter nos de discernendo jure nostro, in his tantummodo que ad
secularem justiciam pertinent, unde inter predecessores nostros
magna sepius controversia habita est, quam temporibus nostris.
assensu et voluntate Atrebatensis capituli et hominum nostrorum,
hoc modo terminari decrevimus : — Est autem compositio talis, a
qua tamen compositione ecclesiastica jura excepta sunt, quod omnia
forisfacta que extra portam Strate evenient inter homines episcopi
et ecclesie, ubicunque maneant in tota terra episcopi, ecclesie erunt.
Si autem homines comitis vel extranei inter se ibidem tale forisfactum
fecerint quod LX sol. excedat, totum forisfactum erit comitis. Et si
homines episcopi et homines comitis, vel extranei inter se ibidem tale
forisfactum fecerint quod LX solid. excedat, medietas illius forisfacti
erit episcopi et medietas comitis. Omnia enim forisfacta LX sol. et
infra, a quocunque fiant, episcopi sunt. Et omnia forisfacta, que extra
portam Strate evenient in tota terra episcopi et ecclesie, habent
judicare scabini episcopi. Nuntius comitis debet interesse judicio
illorum forisfactorum in quibus comes partem habere dinoscitur. —
Omnia forisfacta LX sol. et infra, que a porta Strate usque ad pontem
Tenardi infra muros per totum districtum episcopi evenerint, a
quocunque fiant, erunt episcopi, et infractio omnium bannorum qui
ibi fient, et falsitas omnium mensurarum et pannorum et omnium
aliarum rerum, preter falsificationem monete, erunt episcopi.
Dedictio sive falsificatio scabinorum suorum et duella episcopi
erunt. Et latro ubicunque in districto suo deprehensus fuerit, tam
infra muros quam extra, et omnes res ipsius episcopi erunt.

Episcopus autem habet de eo justiciam facere si voluerit. Quod si noluerit, corpus solummodo reddet comiti extra districtum ; aliud de eo facere non potest absque assensu comitis. Et omnia ista habent judicare scabini episcopi. — Ictus etiam baculorum et traginamenta, si ibidem evenerint inter homines episcopi tantum, vel inter homines episcopi et comitis, vel extraneos, medietas illius forisfacti erit episcopi et medietas comitis; si inter homines comitis tantum, totum erit comitis. — Si autem forisfactum sanguinis ibidem evenerit quod sit supra LX sol. et infra LX libras, medietas erit episcopi et medietas comitis, et hoc habent judicare scabini comitis, non tamen sine nuntio episcopi. Omnia alia forisfacta que ibi evenerint, si LX solid. excesserint, erunt comitis, et ea judicabunt scabini comitis. — Si forte episcopus emendationes sibi cedentes habere non poterit et ad hoc auxilium comitis quesierit, comes eum juvare debet, et e converso episcopus comitem. Comes autem cogere debet homines suos ut stent judicio coram episcopo, si forisfecerint unde judicari debeant per scabinos episcopi, quemadmodum et episcopus suos, si forisfecerint unde judicari per scabinos comitis debeant. — Preterea nullus hominum qui sit de communitate ville Atrebatensis, qui consuetudines comiti debeat in eadem villa, poterit transire ad manendum extra muros in districto episcopi, absque assensu comitis, nec aliquis hominum episcopi infra muros, absque assensu episcopi. — Bannum quoque, qui fiet in villa Atrebatensi per comitem et scabinos suos de venalibus et victualibus, faciet episcopus teneri in districto suo ; et, si forisfactum inde emerserit, episcopi erit. Quod si episcopus bannum teneri non fecerit postquam ei monstratum fuerit, intercipiet erga comitem. — Bannitos comitis non debet episcopus retinere in districto suo extra muros nisi per tres dies, et post triduum, si inde requisitus fuerit, reddet comiti, si potuerit ; sin autem, comes faciet bannitum suum capi ubicunque inventus fuerit, salva in omnibus dignitate ecclesie et atrii. Illud tamen summopere notandum quod nec canonicus, nec aliquis manens in atrio, debet ultra tercium diem bannitum comitis retinere. — Homines episcopi, quicquid extra muros in tota terra episcopi et ecclesie forisfecerint, non potest comes bannire, nec retinere si episcopus eos bannierit. — Preterea sciendum est quod nec episcopus, nec comes, poterit minuere vel condonare forisfacta utrique communia, nec aliquam inde compositionem facere, absque assensu alterius. Omnia autem forisfacta, que in hac compositione continentur, non poterunt de cetero majora constitui; sed qualia modo sunt, talia perpetuo remanebunt. — Si aliquo casu comes prohibuerit in districto suo cervisiam fieri, tamen episcopus unam cambam debet habere in districto suo, ubicunque voluerit, ad opus familie sue et ad opus canonicorum et clericorum. Aliis nec a cambario nec a clericis potest vendi. — Quod si comes in presenti negotio, vel in aliquo alio, adversus ecclesiam intercepit, dando eidem ecclesie, singulis annis in F ificatione beate Marie, candelam quinque solidorum, interceptionem suam emendat. — Huic compositioni interfuerunt Balduinus comes Hadnoniensis (1), Robertus advocatus, Michael (2), comes stabuli, Hellinus dapifer, Jacobus de Avednis (3), Rogerus castellanus de Cortrai, Johannes castellanus Insulanus, Guillelmus castellanus de S. Audomaro, Michael castellanus de Duaco, Raso de Gavela (4), Henricus de Morsella (5), Guillelmus de Halsci, Gualterus de Locres, Gualterus de Atrebato, Gerardus prepositus Duacensis, Gillebertus d: Area, Johannes de Waencort pater et Johannes filius, Petrus de Buscu (6), Gerardus de Sorel, Eustachius de Novavilla, Gerardus de Mescines, Petrus capellanus, Radulfus archidiaconus, Johannes cantor Duacensis, Martinus, Tybertus et Guasso capellani, Milo et Durandus decani, et alii quamplures. — Actum anno domini M° C° LXX° VII°.

, Bibl. nat., Ms latin 9930, *Cartul. du Chapitre d'Arras*, n° xxxvi, f° 21 v°.

---

(1) Faute du copiste pour *Hasnoniensis*.

(2) Le texte écrit *Micahel*, leçon de la charte originale d'après la copie qu'en a donnée D. Queinsert.

(3) Faute du copiste pour *Avesnis*.

(4) *Sic,* pour *Gavera,* d'après l'original copié par D. Queinsert.

(5) Le copiste a lu Ororsella.

(6) *Sic.*

IV

GRANDS BAILLIS, BAILLIS D'ARRAS,
GOUVERNEURS D'ARTOIS
AU XIIIᵉ SIÈCLE

I

NEVELON : « Nevelo, domini regis marescallus, baillivus
Attrebatensis » — « Domino Neveloni de Lihon,
marescallo domini regis Francie ».

Fév. 1200-1201 — Mars 1201-2 — Avril 1201-2 —
1202 *bis* — Juin 1202 — Mars 1202-3 — Fév.
?04-5 — Mai 1207 — Sept. 1208 — Fév. 1208-9
— 1213 — Janv. 1216-7 — Avril 1217 — Janv.
1218-9 — Fév. 1218-9 — Mars 1218-9 — 26 mars
1218-9 — 1219 — D'avril à nov. 1219 — Fév. 1219-
20 *bis* — 1221 — Juillet 1221 — De juillet à nov.
· 1221 — 25 avril 1222 — 28 sept. 1222.

II

ADAM DE MILLY : « Adam de Miliaco, miles, ballivus Attrebatensis », — « ballivus domini regis in Attrebato ».

Juin 1223 — Mars 1223-4 — 8 oct. 1224 — 31 déc. 1224
— Janv. 1224-5 — Sept. 1225 — 10 mai 1226.

III

PIERRE TRISTAN : « Petrus Tristans, ballivus Attrebatensis ».
— « Petrus Tristannus, miles, domini L. regis
Francorum ballivus in Attrebato ».

1227 — 16 oct. 1229 — Avril 1232 — 1234.

IV

Simon de Villers-St-Paul : « Simon de Villari (*al.* de Villaribus) miles, ballivus Attrebatensis ».

Déc. 1236 — 10 janv. 1236-7 — Mai 1237 — Juillet
1238 — Nov. 1238 — Avril 1240 — Juillet 1240 *bis*
— Oct. 1241 — Nov. 1241 — Avril 1242 — Déc.
1243 — 28 juillet 1244 — Oct. 1244 — Juillet 1245
— Août 1246 — Sept. 1246 — Oct. 1246 — Avril
1247 — Août 1247 — Oct. 1247 — 15 déc, 1247 —
Janv. 1247-8 — Fév. 1247-8.

Henri Maraduit, sous-bailli d'Arras, au temps de Simon
de Villers.

Huart de Hendecourt, sous-bailli d'Arras en 1243-44
(Arch. dép., *Trésor des Ch. d'Artois*, A. 886).

V

Achart de Villers : « Achardus de Villaribus, ballivus
Attrebatensis ». — « Seel Acart neveus Simon de
Vilers ».

23 mai 1250 — 6 août 1252 — Nov. 1252 — Sept 1253
— 4 oct. 1253 — 1 mars 1253-4 — 1258 — Avril
1259 — Mai 1263.

VI

Oudart Marcadé : « O. de Marcade balli Atrebatensis »
(*Tabule cerate*). — « Jou Oudars Marcades, séne-
chaus de Ternois ».

Janv. 1253-9. — 1255 — Nov. 1257.

Robert de Biaucaisne, sous-bailli.

1259.

VII

Huon d'Ocoche, bailli d'Arras pour le comte de Saint-Pol,
seigneur d'Artois.

Juin 1264.

VIII

Jean Longeleske, bailli d'Arras, date incertaine.

Guillaume le Moine, bailli d'Arras,   id.

Tassart de le Cambe et Baudart d'Yser, sous-baillis,
date incertaine.

Les noms de ces anciens baillis et sous-baillis d'Arras
sont rappelés dans une enquête de janvier 1269-70,
analysée par Godefroy, *Inv. chron. des Ch. d'Artois.*

IX

Dreu de Braie : « Driex de Braie (Drogo de Braia), chevaliers le Roi, baillis d'Artois ».

Après Quasimodo 1265 — 3 avril 1266 — 23 juillet
1266 — 7 fév. 1266-7 — Avril 1267 — Nov. 1267.

X

Gautier d'Aunay, bailli d'Artois.

3 mai 1269 (Godefroy, *Inv.*, p 327)

Jean Blassel, sous-bailli d'Arras.

1269.

XI

Gui le Bas : « ... presentibus Guidone dicto Le Bas nunc
baillivo Attrebatensi et Roberto de Saint-Venant,
nunc ibidem subbaillivo ».

16 août 1270.

Robert de St-Venant, sous-bailli d'Arras.

Même date.

XII

Etienne du Paage : « Stephanus de Pedagio », chevalier,
seigneur d'Eterpigny, bailli d'Artois.

Av.il 1271 (?) — Janv 1272-3 — Mai 1273 — Oct.
1274 — Nov. 1274 — Mars 1274-5 — Juillet 1275
20 juillet 1276 — 7 août 1276 — Sept. 1276 —
1er déc. 1276 — 3 mai 1277.

MILON DE NANGIS, sous-bailli d'Arras.

Oct. 1272 — Janv. 1273-4 — 7 déc. 1275.

SIMON VAIRET, sous-bailli d'Arras.

25 sept. 1277.

XIII

GUILLAUME BLONDEL, chevalier, bailli d'Artois.

Juin 1278 — Nov. 1278 — 10 déc. 1278.

JEAN HANERON de Bapaume, sous-bailli d'Arras.

14 avril 1277-8 — Oct 1278.

XIV

MILON DE NANGIS, bailli d'Artois.

Sept. 1280 - 5 juillet 1281 — 21 sept 1281 — Fév.
1281-2 — 13 août 1282 — 21 sept. 1282 — Déc.
82 — Fév 82-3 — 3 avril 1283 — Oct 1283
19 nov. 1283 — Mai 1284 — Janv. 1284-5 — 18
mars 1285-6 — 13 janv. 1286-7 — Avril 1287 —
30 nov. 1287 — Mai 1288 — 25 déc. 1288 — 20
fév. 1288-9 — Mars 1288-9 — 15 mars 1288-9 —
Déc. 1290 — Janv. 1290-1 — Comptes de Milon
de Nanjis, bailli d'Artois, de 1285 à 1292.

JEAN DE SARRIS, sous-bailli d'Arras.

Août 1281 — 13 août 1282.

GUILLAUME DE HOKINGHEHEM, sous-bailli d'Arras.

8 avril 1285 — Sept. 1285 — Oct. 1286 — Janv. 1287-8
—Oct. 1288— Fév. 1288-9 — Mai 1290 —Juin 1290.

XV

JEAN DE BIAUKAISNE, bailli d'Arras.

Fév. et mai 1292 — Nov. 1292 — 24 déc. 1292 —
Fév. 1292-3 — Juin 1293 — Janv. 1293-4 —
Comptes de Jehan de Biaucaisne, « bailli d'Arras »
(Ascens. 1295 et 1296. — Enquête sur la gestion
de Jehan de Biaucaisne, « sous-bailli d'Arras »,
27 sept. 1296 (Godefroy, *Inv.*, II, 159, et J.-M.
Richard, *Inv. somm.*, I, 66).

XVI

Jean de Monchi, bailli d'Arras.

> 9 oct. 1297 — Déc. 1297 — 1298 — Oct. 1298 — Déc.
> 1298 — 21 janv. 1298-9.

XVII

Jean Gasier, bailli d'Arras.

> Nommé le 29 janv 1298-9 — 28 juillet 1299 — 23
> août 1299 — Mai 1300 — 24 juillet 1300 — Sept.
> 1300 — 17 janv 1300-1 — « Contes Jehan Gasier
> baiilieu d'Arras du terme de la Candelier, l'an de
> grasce mil trois cens » — 1301 (Catal. du bibl.
> Jacob, n° 1423). Pour le terme suivant, Ascension
> 1301, le compte est rendu par Ernoul Caffet, garde
> de la baillie d'Arras, bailli de Marck, prévôt de
> Calais.

GOUVERNEURS D'ARTOIS

I

André d'Orléans, prévôt d'Herbilli, chapelain et chancelier du comte.

Gautier d'Aunay, seigneur de Maisnil, chevalier, et
Guillaume de Minières.

> Lieutenants en Artois du comte Robert parti pour
> Tunis avec saint Louis le 1er juillet 1270. — Avril
> 1271 — 6 mai 1272.

II

Les mêmes.

> Investis d'un nouveau mandat lors du premier voyage
> de Robert au royaume de Naples, par lettres du
> 12 juin 1274 — 1er juillet 1274 — 22 sept. 1274 —
> Mars 1274-5 — Juillet 1275 — 7 août 1276 —
> Sept. 1276 — 1er déc. 1276.

III

Jean de Melun, chevalier, et

Barthélemi de Montet, chanoine de Vatan.

> Institués « maîtres et gardes de toute la terre d'Artois »
> lors du second voyage de Robert, vers octobre
> 1282 — Déc 1282 — 17 août 1283 — 8 mars 1283-4
> — 7 oct. 1284 — 28 fév. 1285 — 25 juin 1286 —
> Janv. 1286-7 — 21 juillet 1287 — 27 janv. 1287-8
> 21 avril 1288 — 24 et 25 fév. 1289-90 16 mai 1290
> Juillet 1290.

IV

Simon de Mauregart et

Renaut Coignet de Berlette, chevaliers.

> Substitués par le comte aux précédents quelque temps
> avant son retour de La Pouille à Arras en février
> 1292. — 18 juin 1291 — Août 1291 — 12 et 17 août
> 1292 — 28 sept 1292 — 8 oct 1292 — 19 fév. 1292-3
> — 6 août 1293 — 23 mars 1293-4 — Oct. 1294 —
> 1er oct. 1294   26 fév. 1294-5 — 26 mars 1294-5 —
> 21 fév. 1295-6 — 25 mars 1295-6 — 4 avril 1296
> — Août 1296 — 8 avril 1296-7 — 20 nov. 1298 —
> 3 et 4 fév. 1298-9 — 25 mars 1298-9 — 9 juin 1299
> 3 août 1299 — 9 oct. 1299.

NOTES

LES BAILLIS ET LES GOUVERNEURS

————◦◦————

I. — **Nevelon** a pour variante **Nivelon** dans trois des titres mentionnés plus haut. Cette dernière forme est celle de la légende du sceau, où l'on voit, sur son destrier, le maréchal armé d'une longue pique, comme le sont deux autres « picards », ses contemporains, le vidame Gérard de Picquigny, en 1190, et Geoffroy de Milly, bailli d'Amiens, en 1238 (*Sigill. d'Arras*, p. 8, n° 49 et pl. vi-1. — Douet d'Arcq, *Inv. des Sc.*, n° 40. — Demay, *Sceaux de la Picardie*, n° 846).

La seconde femme de Nevelon se nommait Alix (*Inv. somm. du P.-de-C.*, i, 13). Comme elle n'apparaît qu'en 1219, et que Marie, la première femme, vivait encore en 1209, j'ai dû attribuer au premier lit les enfants du maréchal, adultes à la mort de leur père. A l'énumération donnée page 67, une charte de 1222 ajoute Gérard, que je n'ai pas rencontré ailleurs (Arch. nat., S. 5208, n° 75).

La liste des feudataires royaux, inscrite en 1220 au Cartulaire de Philippe-Auguste, cite « Nivelon de Lions » parmi les hommes de Gilon de Marquais et de Jean de Nesle. A cette date, Névelon de Chanle, *filius Nevelonis de Attrebato*, tenait déjà du roi la forteresse de Chaulnes et des fiefs à Fonches, Hale, Péronne, Poisières, Brai et Capi.

Sur l'administration de notre premier grand bailli d'Artois, nous trouvons un précieux renseignement dans le témoignage suivant d'un contemporain, publié par notre éminent compatriote, M. Léopold Delisle :

« Puis (après Bouvines) ne fu qui guerre li osast movoir ; ains (Philippe-Auguste) vesqui puis en grant pais, et tote la terre fu en grant pais grant pièce, fors de ses baillius qui molt faisoient de tors, et li baillius son fil assés plus, de tant de terre comme il ot à tenir. Et ce fut par un sien sergent que on apeloit Nevelon, qui baillius estoit d'Arras, qui en tel servage mist toute la terre de Flandres qui en la partie Looys estoit escheue, que tot cil ki en ooient parler s'en esmerveilloient comment il le pooient souffrir ne endurer » (*Notices et extraits des Mss de la Bibl. nat.*, t. xxxiv, 1re partie, p. 373).

Arras n'oublia pas de si tôt ce gouverneur autoritaire. Son nom fit époque :

> N'avoit mie cuer de félon
> Au tans le bailliu Nevelon,
> Ains que cis quens venist à terre.
>
> (Barbazan et Méon, *Fabliaux*, i, p. 113).

II. — **Adam de Milly**, bailli d'Artois, est-il le même personnage que l'Adam de Milly dont le fils aîné Jean épousa, en 1242, Marie, fille de Renaud de Chaulnes ? L'identité des noms l'a fait supposer, mais la différence des armoiries semble prouver le contraire. Le sceau du bailli porte *un sautoir engrêlé*, tandis que les châtelains de Becquerelle, seigneurs de Rémi, ont *un fascé de six pièces* (V. *Sigill. d'Arras*, n° 30 et pl. xxxii-4. — Arch. du P.-de-C., *Ch. d'Artois*, A. 8, 30 sept. 1242. — Douet d'Arcq, *Inv. des sceaux*, n°⁹ 2837 et 2843. — Demay, *Sc. d'Artois*, n° 467. — Arch. du Nord, *Saint-Amé*, mars 1245-6.

Il n'y a pas qu'un Milly, ni vraisemblablement qu'une seule famille de ce nom. La notice sur Boiry-Becquerelle, insérée au *Dict. hist. et archéol. du P.-de-C.*, ARRAS, t. ii, p. 6, greffe la soi-disant « branche d'Artois » sur une souche fantastique de princes de Jérusalem et d'Arabie Pétrée, évidemment tirée de Le Carpentier, *Hist. de Cambrai*, ii, p. 796, qui a copié, en la manipulant selon sa manière accoutumée, un chapitre des *Lignages d'outremer*.

La suite de la notice paraît empruntée aux Mss du P. Ignace. La donation de l'autel de Boiry, faite au chapitre par le prévôt Robert, y est attribuée à l'évêque Godescal, qui l'a simplement confirmée, non pas en 1148, puisque son pontificat ne commence que deux ans plus tard, mais postérieurement à 1251, d'après la charte (*Cart. du Chap*, n° xxiv, f° 12, r°).

Cette même source confond d'ailleurs Boiry avec Becquerelle, la chapelle castrale de celui-ci, à *Beauregard*, avec l'église succursale de l'autre, séparée de Boisleux et devenue paroissiale en 1239. Elle rapporte à cette dernière date un legs en faveur de La Thieuloie, monastère fondé seulement au siècle suivant, en 1324. On voit qu'il n'y a guère lieu de s'en rapporter implicitement à ses identifications généalogiques.

III. — **Pierre Tristan**, bailli d'Arras, Aire, St-Omer et Calais, serait-il l'ancien combattant de Bouvines, celui qui fit un rempart de son corps à Philippe-Auguste désarçonné ? « Et specialiter Petrus Tristanides qui sponte ab equo descendens se pro rege ictibus exponebat » (*Guill. Armorici Chron.*, Ed.-F. Delaborde, I, 282). « Et Pierre Tristanz qui descendi de son destrier de son gré, et se metoit au devant des cos pour le roi garantir » (*Histor. de la Fr.*, XXI, 409). Il est tout au moins de cette famille, qui comptait quatre chambriers du roi Philippe. Mentionné fréquemment parmi les familiers de la cour de saint Louis, Pierre Tristan, seigneur de Passy (en Valois) et d'Ostel, fondait, en mai 1246, à l'église St-Vaast de Soissons, une chapellenie pour le repos de l'âme de Philippe-Auguste, de ses parents et de son fils Gui. L'année suivante, en décembre, il se disposait à partir pour la croisade. On ne connaît pas son sceau (Bibl. nat., Moreau, vol. 166, fᵒ 37, et 168, fᵒ 78).

IV. — **Simon de Villers-St-Paul** (près de Creil) fut bailli d'Arras, Hesdin, Aire et St-Omer. On lui connaît deux sceaux, dont les armoiries diffèrent. L'un porte *une fleur de lys sous un lambel à cinq pendants*, en 1240, 1241, 1242, 1244 (V. *Sigill. d'Arras*, p. 3, nᵒ 51, pl. VI-3) ; l'autre, copié par dom Queinsert, en 1246, lu ailleurs, en 1248, par dom Grenier : *chargé de fleurs de lys sans nombre, à la bande de droite à gauche, au lambel de cinq pièces chargées de trois tourteaux*. Ne seraient-ce pas *trois châteaux*? Dans ce cas, l'analogie avec les armes d'Artois permettrait d'y voir une sorte de blason d'office. Le contre-sceau du second type porte au centre une S entourée du mot VERDERONE, nom d'un village près de Liancourt (Oise) dont notre bailli possédait sans doute la seigneurie, comme semble l'indiquer cette majuscule, en même temps qu'elle donne l'initiale de son nom.

En 1263, sa veuve, dame Ermine du Mez (*de Meso*) et leur fils, Mʳˢ Thomas de Villers, chanoine d'Arras, amortissent en faveur de

l'abbᵤ.ᵧe de Chaslis une maison à Bruières (Bibl. nat., Moreau, 184,
avril. — Bibl. d'Arras, Mss. 305, *Obit.* 22 déc.)

Le nom du sous-bailli de Simon, **Huart de Hendecourt,** relevé ici
en 1243-44, donne une date et une origine certaines au petit poème
des *Miracles de saint Tortu.*

Dans cette facétie, la chapelle du saint, c'est la taverne. Deux
ivrognes, au vin mauvais, s'y prennent de querelle ; une bagarre
générale s'en suit. Le doyen d'âge, pochard conciliateur, réclame
l'arbitrage du conflit :

> Je vœl molt bien c'on le racoise,
> Dist li ostes, si m'aït Dieux,
> Ains que le sau *li baillieus,*
> Ne cil *Huars de Hendecort :*
> Il tiennent .1. home trop court.

(Dinaux, *Trouv. artés.,* p. 256-259. — *Hist. litt. de la France,* **xxiii,** 495).

Cette allusion à la potence du grand bailli n'est pas la seule qui
le concerne dans les poésies satiriques du temps. En voici une autre,
tirée de la pièce du *Moulin à vent,* citée plus haut, p. 61. Le passage
a été très diversement reproduit et interprété. Le manuscrit présente
deux variantes à l'édition de Scheler, dont une change le sens. Le
voici d'après l'original :

> Un carpentier nos covient faire
> Ki no molin *sace* refaire
> Quant li vens l'aura cravanté.
> J'en connois .1. qui a venté
> Tres çou qu'il vint en cest païs :
> Il est trop des mauvais haïs,
> Mais li boin le doivent amer
> Por çou qu'il puet en haute mer
> Juer as bares sans moillier ;
> Forment me puis esmervillier,
> On dist que c'est li grans baillius,
> Qui des mauvais fait les alius
> En son païs, droit à ""iler,
> Les gens n'i *font* fors que giler.

(V. Godefroy, *Dict de la langue française,* au mot *Aliu,* « Complot,
Ligue » (!) et Scheler, *loc. cit.*)

V. — **Achart de Villers-St-Paul** scelle, comme son oncle, d'une *fleur de lys fleuronnée,* mais il supprime le lambel (V. *Sigill. d'Arras*, p. 3, n° 52, pl. vi-2).

VI. — **Oudart Marcadé**, dont le prénom semble avoir été inexactement reproduit par l'original même des *Tabulæ ceratæ*, était sénéchal de Ternois, avant de devenir bailli d'Arras sous le comte de Saint-Pol.

Il en est de même de **Huon d'Ococbe**, mentionné comme sénéchal, depuis octobre 1266 jusqu'à 1284 (V. Demay, *Sc. de Flandre*, n° 5134).

VII. — **Jean Longeleske** et les trois noms à la suite sont inscrits ici pour mémoire, en attendant quelque nouvelle révélation des textes. Si c'est de lui qu'il est question dans ces vers du temps :

> Son avoir reçut Longheleske ;
> Après vi jou un maistre Adan,
> S'âme est passée oultre le dan...,

il est certainement antérieur, et vraisemblablement d'un certain nombre d'années, à 1263.

VIII. — **Dreu de Braie** (lequel des Braye ? l'Aisne en a cinq pour sa part) fut bailli d'Amiens en 1259 et 1262. A cette dernière date, Demay décrit ainsi son écusson : *Une fasce à deux haches d'armes brochant, surmonté d'une croix et accosté de deux fleurs de lys.* Nous avons rencontré ces mêmes armoiries sur un fragment de sceau du bailli d'Artois, appendu à une charte du 7 février 1266-67, aux archives de Saint-Omer.

IX. — **Gantier d'Aunay**, qualifié bailli d'Artois en 1269, était, en 1271, un des lieutenants du comte, « maîtres et gardes de sa terre d'Artois. »

X. — **Gui Le Bas** est mentionné dans un acte de 1281 imprimé dans la *Bibl. de l'Ec. des Chartes*, 1re série, t. v, p. 166. Nous avons reproduit le sceau (V. *Sigill. d'Arras*, pl. xxxii-5).

XI. — **Etienne du Peage**. Voir son sceau, *Sigill. d'Arras*, pl. vi-5.

XII. — GOUVERNEURS D'ARTOIS. Le premier nom qui se présente en cette qualité est celui d'**André d'Orléans**, prévôt d'Herbilly en l'église de St-Aignan. Il était chapelain du comte et son chancelier. Nommé par l'évêque chanoine de N.-D. d'Arras, il se vit opposer un compétiteur auquel le pape Grégoire X avait donné la prébende (18 oct. 1272).

Cependant sa nomination fut maintenue, et le décanat étant devenu vacant le 3 octobre par la mort d'Asson, André fut choisi pour le remplacer. Une charte de janvier 1272-73 nous montre le nouveau doyen recevant à Aubigny, pour l'église d'Arras, l'ensaisinement de terres situées à Bailleulmont. Ces dates comblent une lacune dans notre chronologie ecclésiastique.

On sait qu'à son départ d'Artois, Robert II avait institué, en 1274, un sceau spécial devant servir pendant son absence : *Sigillum Roberti comitis Atrebatensis in remotis agentis.* Cette création fut suivie de celle de deux sceaux d'office, l'un de la baillie d'Artois, l'autre de la sous-baillie. Nous n'avons du premier qu'un fragment très incomplet, c'est un sceau équestre, aux armes ; le second porte simplement l'écu d'Artois (V. *Sigill. d'Arras*, p. 7, n°ˢ 42, 43, pl. **v**, 1, 3-4).

Leur usage fut d'assez courte durée. Robert était à peine rentré de La Pouille dans sa bonne ville d'Arras, à la Chandeleur 1292 (1), qu'il supprima la baillie d'Artois. Le rôle administratif du grand bailli se réduisait alors à la centralisation des comptes particuliers des divers bailliages. La lieutenance, dont le personnel venait d'être renouvelé, se chargea d'y pourvoir, en attendant qu'elle rentrât dans les attributions du receveur général d'Artois.

Par suite de cette suppression, l'ancienne sous-baillie prit le nom de baillie d'Arras, ce qui nécessitait la création d'un autre sceau d'office. Nous en trouvons un exemplaire en janvier 1293-94, au bas d'une déclaration de « Jehans de Biaukaysne, baillieuz d'Arras » (Arch. nat., S. 5208, liasse 26, coté 34. — Peut-être dès juin 1293, *Trés. des Ch. d'Artois*, A. 38. — A vérifier).

Le nouveau type représente, à cheval sur un destrier houssé aux

_____

(1) *Inven. somm. du P.-de-C.*, t. ɪ, p. ɪ54.— Robert était de retour à Paris dès 1290.

armes d'Artois, un personnage en costume de guerre, sans bouclier, le faucon sur le poing. C'est l'épervier féodal, *spreverium feodalem*, à prendre annuellement sur l'équipage des chasses du roi, faveur accordée, à charge d'hommage lige, par Philippe le Bel au comte Robert II et à ses successeurs, en juin 1293.

Cette faveur mal comprise a fourni à nos historiens le sujet d'une nouvelle légende.

« Pour récompenser Robert d'Artois, dit M. Lecesne (après Henne-bert et l'auteur des *Rues d'Arras*), Philippe le Bel érigea, en 1293, son comté en pairie, à la charge d'un épervier féodal pour chaque relief, d'où est venu à l'Artois le surnom de *fief de l'Epervier*. Les lettres-patentes n'ont été signées qu'en 1297 à Courtray » — (Lecesne, *Hist. d'Arras*, I, 137. — D'Héricourt et Godin, *Les Rues d'Arras*, I, 57. — Hennebert, *Hist. d'Artois*, III, 133).

On voit la confusion. La vérité est que l'acte de 1293 n'a aucun rapport avec celui de 1297. que l'institution du *fief de l'Epervier* est antérieure de quatre ans à l'érection du comté en pairie ; que le pré-tendu « relief de l'épervier » n'a jamais existé, et que cette légende est née, comme toujours, d'une interprétation imaginaire des mots *spreverium feodalem*.

Ce n'est pas que cette méprise date d'hier, elle remonte au XVᵉ siè-cle ; mais on a lieu d'être surpris que, jusqu'à ce jour, elle ait aussi facilement trouvé créance, lorsqu'il suffisait de lire les actes pour la constater.

Simon de Mauregart et **Renaut Coignet de Berlette**, institués gou-verneurs en 1291, resterent en fonctions jusqu'à la fin de l'année 1299. A partir de cette date on les perd de vue, et l'unique « maître d'Artois » reste **Thierry d'Hireçon**, ainsi qualifié officiellement. (J.-M. Richard, *Inv. somm. du P.-de-C.*, série A, t. I, p. 235 et 237).

ADDITIONS ET CORRECTIONS

Page 48, ligne 3, et note 1.

Avant le tirage à part de ces lectures, imprimées trop précipitamment dans le dernier volume des *Mémoires de l'Académie d'Arras*, j'ai pu me renseigner sur la nature du sceau jadis pendu à la charte-notice de l'hôpital St-Jean-en-l'Estrée, aujourd'hui broyé et presque méconnaissable. C'est le Scel aux Contrats et Héritages de la Ville, institué en 1355. L'auteur anonyme de la pièce est donc innocent de l'adjonction dont je le soupçonnais. Il n'en paraît pas moins certain qu'elle eut pour objet de donner à ce document le caractère d'authenticité légale qui lui faisait défaut. Nous ne possédons d'ailleurs aucune donnée qui permette d'en préciser la date.

Page 58, ligne 17.

Il peut n'être pas inutile de dire ici pourquoi, en donnant l'origine de l'expression WETZ DAMAIN, nous avons substitué le barbarisme *Vadus* au classique *Vadum*. La raison en est que, si ce dernier mot correspond au français GUÉ, l'artésien-picard WETZ, WEZ, suppose nécessairement *Vadus*, de même que notre mot LIS (LILS) provient du barbare *Lilius*, et n'a pu naître de la forme normale *Lilium*. On sait combien le moyen-âge respectait peu la distinction des genres : au lieu de *Vallum, Mansum, Pratum, Granum*, etc , il disait volontiers *Vallus, Mansus, Pratus, Granus*. Les grammairiens nous ont appris que, même aux époques de latinité classique, le peuple disait *Dorsus, Ævus, Collus*, etc., pour *Dorsum, Ævum, Collum* Après les invasions, on alla jusqu'à écrire *Templus, Membrus, Palatius, Tectus, Collegius*. L'analogie justifie donc l'étymologique *Vadus*

Page 54, note 2.

Les *cœurs d'Arras* héraldiques des Crespinois ont leur pendant dans un blason qui a mis en défaut un autre savant sigillographe. Douet d'Arcq, *Invent. des Sceaux*, n° 5080, rencontrant, en 1207, un écusson chargé pour tout meuble d'un disque central, sorte de plateau à rebords « dans lequel il y a quelque chose d'indistinct », hésite à y voir un *besant* de dimension inusitée. C'est tout bonnement une tarte, autrement dit un *pâté*, armes parlantes du propriétaire, Guillaume Pasté, chevalier.

On voit que nos « rébus de Picardie » remontent loin. Car ce Pasté, alors bailli royal je ne sais où, était au moins picard, je crois même artésien. Un lien quelconque, originel, féodal, officiel, le rattachait certainement à Bapaume. Il y aurait perçu le péage au temps du comte de Flandre, d'après une ancienne notice initiale de l'enquête de Capi. Aux « renenghes » de Flandre séant à Ypres en 1187, le comptable du revenu de Bapaume était Balduinus Pastés. Une autre enquête de 1247, faite en Artois par ordre de saint Louis, fait mention d'un Guillaume Pasté, et ce nom se retrouve à diverses époques dans la bourgeoisie de Bapaume (V. *Histor. de France*, t. xxiv. Enquête de 1247 publiée par M L. Delisle).

Ou pourrait multiplier les exemples de ces hiéroglyphes. Nous nous bornerons à citer celui des Hauwel, importante famille bourgeoise d'Arras au XIII° siècle. Demay (*Inv de Flandre*, n° 4495), leur donne « un écu semé de fleurs de lys, au lambel *suspendu à une perche* ». Cette perche, dont on voit leur écu cimé, n'est autre chose qu'une pioche, un hoyau, *hoel* ou *hauwel*, armes parlantes d'une branche de nos usuriers du nom de Wagon, les Wagonois.

Page 54, note 2.

En relevant dans Hennebert l'attribution faite par lui à Philippe-Auguste de la charte donnée en 1290 aux échevins par Philippe d'Alsace, je dois dire que jadis j'ai indûment rapporté à sa traduction certaine formule finale qui n'est pas de lui, mais de quelque autre chroniqueur dont le souvenir m'échappe (V. *Sigill. d'Arras*, p. 13, note, ligne 4).

P. 9, note 1, *ajout.* page 410.

P. 13, note 2, *ajout.* page 298.

P. 21, note 1, *ajout.* page 475.

P. 39, note 2, *ajout.* V. *Gallia,* 1x, 81.

P. 48, ligne 9, *ajout.* dont il eut Henri, Vaast et Julienne.

Ibid., note 3, ligne 3, *ajout.* vol. 79, f° 156.

P. 56, ligne 3, *ajout. Ibid.* Cf. 2 janv. 1225-6.

P. 3, ligne 3 *et passim,* dans les mots en italiques *quæ, villæ, papæ, præ, præcipimus, Stratæ, Germaniæ, Andreæ. Tabulæ ceratæ,* l'*œ* employé par nécessité typographique doit se lire *Æ.*

P. 15, ligne 8, *au l. de* Tenrestract, *lis.* Tenrestraet.

P. 27 et 56, ligne 1, *au l. de* l'église, *lis.* l'Eglise.

P. 39, note 3, *au l. de* Ce, *lis.* Ces.

P. 50, note 2, *au l. de* on batit, *lis.* on bâtit.

P. 52, note 1, ligne 9, *au l. de* la (polyptique), *lis* le.

P. 18, intervertir les notes 2 et 3.

———— ※ ————

www.ingramcontent.com/pod-product-compliance
Lightning Source LLC
LaVergne TN
LVHW050629090426
835512LV00007B/747